教育部"三全育人"项目
贺州学院卓越新闻传播人才培养成果汇编

卓越新闻传播人才培养探索与实践

梁丁丁 吴郭泉 ◎ 主编

中国传媒大学出版社
·北京·

图书在版编目(CIP)数据

卓越新闻传播人才培养探索与实践/梁丁丁,吴郭泉主编.--北京：中国传媒大学出版社,2025.5.

ISBN 978-7-5657-3869-2

Ⅰ.G210

中国国家版本馆 CIP 数据核字第 2025B51Q89 号

卓越新闻传播人才培养探索与实践
ZHUOYUE XINWEN CHUANBO RENCAI PEIYANG TANSUO YU SHIJIAN

主　　编	梁丁丁　吴郭泉
策划编辑	温晓芳
责任编辑	温晓芳
封面设计	艺点锦秀
责任印制	李志鹏
出版发行	中国传媒大学出版社
社　　址	北京市朝阳区定福庄东街1号　　邮　编　100024
电　　话	86-10-65450528　65450532　　传　真　65779405
网　　址	http://cucp.cuc.edu.cn
经　　销	全国新华书店
印　　刷	唐山玺诚印务有限公司
开　　本	710mm×1000mm　1/16
印　　张	16.25
字　　数	225 千字
版　　次	2025 年 5 月第 1 版
印　　次	2025 年 5 月第 1 次印刷
书　　号	ISBN 978-7-5657-3869-2　　　　定　价　79.00 元

本社法律顾问：北京嘉润律师事务所　郭建平

序　言

姑婆山屹立,黄姚豆豉香。

2014年,我从广西师范学院(今南宁师范大学)新闻传播学院院长岗位上退休,被返聘至贺州学院担任卓越新闻传播人才培养项目负责人、特聘教授。

2015年,在时任学校党委书记梁丁丁、校长吴郭泉等校领导的大力支持下,贺州学院开启了广西高校第一个卓越新闻传播人才培养项目。至2022年底,贺州学院卓越新闻传播人才培养项目学生分别在国家、省、市三级主流新闻媒体发表了120多万字的新闻(影视)作品,创作出《红色记忆》《创业岁月》《扶贫路上》《东融》《家风》5个系列共70多集、每集时长15分钟的电视系列纪录片,分别在央视频、"学习强国"学习平台、广西学习强国频道、贺州市广播电视台播出。130多名卓越新闻传播人才培养项目学生分别被人民日报社、新华社等中央媒体及全国各地党政机关、新闻媒体、大专院校、企事业单位录用。母体专业——"广播电视编导"专业,也因此获批"国家级一流本科专业建设点"。

在倾注心血、教书育人,为国家潜心培养"政治立场坚定、具有家国情怀、勇于担当责任、新闻业务精良"的应用型新闻传播人才的同时,贺州学院10多名年轻的新闻学人废寝忘食、挑灯夜战,苦研新闻传播理论。他们当中有的成长为教授、副教授,有的获取了博士学位。本书为教育部"三全育人"项目——贺州学院卓越新闻传播人才培养项目成果汇编,收录了贺州学院10多名新闻学人公开发表的30多篇学术论文和研究成果,分为思政育人研究、培养模式研究、新闻传播研究、影视文化研究、纪录片创作研究等5个专题板块。

本书由时任贺州学院党委书记梁丁丁、校长吴郭泉担任主编,贺州学院组织部部长刘利,文化与传媒学院党委书记何婷、院长付煜担任副主编,由笔者和黄桂明担任执行主编。本书的出版得到了贺州学院党委、行政以及中国传媒大学出版社的大力支持。在此,一并表示感谢!

熊　高　2024 年 5 月于南宁

目 录

思政育人研究

高校机关党员"三全育人"的实践路径探析　　莫　勋　毛芳才 / 3

推进高校学生党支部标准化规范化路径探索　　农英杰 / 16

培养模式研究

达标播出,讲好中国故事
——贺州学院举办新时代纪录片教育与创作研讨会综述
　　熊　高 / 27

达标播出视域下应用型高校纪录片创作的探索与实践
　　刘称心　熊　高 / 35

校媒合作视域下卓越新闻传播人才培养的思考　　隆群良 / 41

地方高校转为应用技术型背景之下的人才培养
——以广播电视编导专业为例　　聂有兵 / 48

"三链贯通"视域下校企协同育人的有效性评价策略研究
　　黄桂明　莫字瑛　颜　越　祝　林 / 57

| 重大疫情下在线课程质量保障体系建设探讨 | 黄桂明 / 65 |
| 试析专业实践和创业体验相融合的新闻人才培养新路径 | 吴　翟 / 74 |

新闻传播研究

新闻专业通识教育探索与实践
　　——以"贺州学院卓越新闻传播人才培养计划"为例
　　　　　　　　　　　　　　　　　　　刘称心　伍晨阳 / 83

浅谈新闻学专业的实训模式改革与探索
　　——以"贺州学院卓越新闻传播人才培养计划"为例　伍晨阳 / 93

融媒体时代下电视记者的素养提升	许洪杰 / 101
网络时代下传统纸媒编辑的转型	许洪杰 / 107
网络媒体黄色新闻内容分析:利弊与救赎	肖　军 / 111
浅析党报在新形势下的发展	肖　军 / 117
新媒体时代的舆论监督引导	肖　军 / 122
女性新闻发言人与中国国家形象的国际传播研究	肖　军 / 128
从《传奇故事》看农村受众的媒介接触心理	肖　军 / 136

大学生的媒介接触习惯探究
　　——以《传奇故事》为例　　　　　　　　　　肖　军 / 142

沉浸式新闻:虚拟现实浪潮下的新闻报道方式革命　聂有兵 / 148

影视文化研究

| 《沙飞传奇》叙事与传播探析 | 刘安经　刘　倩 / 159 |
| 《永恒和一日》的边界跨越与生命隐喻 | 刘　倩　刘安经 / 167 |

纪录片创作研究

| 系统分类视域下纪录片类型研究(上) | 熊　高 / 175 |
| 系统分类视域下纪录片类型研究(中) | 熊　高 / 184 |

系统分类视域下纪录片类型研究（下）　　　　　　　　熊　高／198

新时代讲好中国故事纪录片教育的探索与实践

　　——以贺州学院卓越新闻传播人才培养班为例　刘称心／210

基于新闻传播叙事基础的纪录电影　　　　　　　　　肖　军／217

新媒体背景下纪录片的传播特性研究

　　——以《舌尖上的中国》为例　　　　　　　　　肖　军／223

浅谈纪录片创作的传承与创新

　　——以贺州电视台系列纪录片《古村物语》的创作为例

　　　　　　　　　　　　　　　　　　　　　　　　隆群良／228

新媒体背景下纪录片的创作与创新　　　　　　　　　隆群良／236

虚拟现实技术对旅游风光纪录片的可能影响　　　　　聂有兵／241

思政育人研究

高校机关党员"三全育人"的实践路径探析　　　　莫　勋　毛芳才
推进高校学生党支部标准化规范化路径探索　　　　　　　农英杰

高校机关党员"三全育人"的实践路径探析[*]

◎ 莫　勋　毛芳才

Mo Xun　Mao Fangcai

摘要：高校机关党员在人才培养和立德树人方面责无旁贷，在为党育人、为国育才方面也可以发挥独特且重要的作用。虽然高校机关党员人数占全校教师总数的比例并不高，但其工作范围广、涵盖职能多，涉及学生教育管理的方方面面，是"三全育人"的重要力量。本文聚焦高校机关党员如何进行"三全育人"，以A校为例，通过分析高校机关党员的群体特点，归纳高校机关党员"三全育人"的优势与难点，并结合A校的具体实践提出探索性的意见和建议。

关键词：高校；机关党员；三全育人

2018年5月2日，习近平总书记在北京大学师生座谈会上指出："国势之强由于人，人材之成出于学。培养社会主义建设者和接班人，是我们党的教育方针，是我国各级各类学校的共同使命。大学对青年成长成才发挥着重要作用。"[1]进入新时代，高校如何抓住培养社会主

---

[*] 本文原载于《领导科学论坛》2022年第2期第137~142页，收入本书时有改动。

义建设者和接班人这个根本任务,引导大学生树立与这个时代同心同向的理想信念,勇担时代赋予的责任使命;如何抓好马克思主义理论教育,认真践行为党育人、为国育才的初心使命,把我们的特色和优势有效地转化为培养社会主义建设者和接班人的能力;如何把培育社会主义核心价值观和思想政治工作贯穿教育教学全过程,实现全员育人、全程育人、全方位育人,努力开创我国高等教育事业发展的新局面。这是新时代对高校提出的育人要求,也是高校必须扛起的时代责任。作为教师队伍的重要组成部分,高校机关党员在人才培养和立德树人方面责无旁贷,在为党育人、为国育才方面也可以发挥独特且重要的作用。

一、高校机关党员"三全育人"的现状

(一)高校机关党员的群体特点

本文的研究对象主要是高校机关行政、教辅部门的党员,不包含二级学院行政、教辅岗位的党员,以及图书馆党员和离退休党员。以A校为例,截至2019年10月,A校有教职工1173名、教职工党员679名。其中,机关行政、教辅部门有教职工286名,占全校教职工总数的24.38%;有党员187名,占全校党员总数的27.54%。从人数占比来看,机关行政、教辅部门的教职工数和党员数均占全校总数的四分之一左右,但机关行政、教辅部门自身党员的比例是65.38%,约占机关行政、教辅部门工作人员的三分之二。人员结构详见表1。

通过调查,将高校机关党员的群体特点归纳如下。

1.高校机关行政、教辅部门的工作人员虽然不多,但其工作内容范围很广,涵盖了高校内除教学以外的其他绝大部分职能,涉及学生教育管理的方方面面,是"全方位、全过程、全员育人"的重要组成部分。

表 1　A 校机关党员结构统计（截至 2019 年 10 月）

	性别		年龄				学历			
	男	女	20~30岁	31~40岁	41~50岁	51~60岁	专科	本科	硕士	博士
人数	113	74	39	75	42	31	31	59	86	11
比例	60.43%	39.57%	20.86%	40.11%	22.46%	16.58%	16.58%	31.55%	45.99%	5.88%

	职称				职级			
	初级及以下	中级	副高级	正高级	科员	科级	处级	厅级
人数	67	69	36	15	75	53	50	9
比例	35.83%	36.90%	19.25%	8.02%	40.11%	28.34%	26.74%	4.81%

备注：因表内数据均为四舍五入后的结果，故无法保证各项之和为100%。

2.高校机关党员人数占机关教职工总数一半以上，而且党委职能部门的党员比例明显高于教辅部门的党员比例。从工作实践来看，党员占比越高的部门，组织力、执行力和战斗力越强，在工作中的先锋模范作用越明显。

3.高校机关党员以中青年教师为主，具有硕士以上学历、中级以上职称、科级以上职级的人数均超过半数，而且在传统高校和名校这些比例会更高。聚集高素质的中青年教师，既是高校机关行政、教辅部门高强度、快节奏工作的需要，也是站在培养合格的社会主义建设者和接班人的战略高度，优化师资队伍配置和人员构成的必然结果。

由此可见，高校的机关行政、教辅部门确实是各高校办学治校的人才高地，而机关党员则是各高校坚持社会主义办学方向，落实立德树人根本任务的中坚力量。

(二)高校机关党员"三全育人"的优势与难点

1.高校机关党员"三全育人"的优势

(1)思想政治上的优势。高校机关党员大多是政治过硬、思想过硬、能力过硬、作风过硬的党员。他们不仅政治觉悟高，对党的路线、方针和政策理解比较深刻，而且理想信念坚定，有正确的世界观、人生观和价值观,对巩固马克思主义在高校意识形态领域的指导地位、落实立德树人根本任务贯彻得更加坚决。他们勇于批评和自我批评,敢于同不良现象和行为作斗争,坚持艰苦奋斗,廉洁奉公,在大是大非问题上经得起考验。这些都是践行"为党育人、为国育才"初心使命的关键。

(2)顶层设计上的优势。高校机关党员中包含了绝大部分的校领导和各部门、科室的主要负责人,在大部分领域行使着管理、协调和决策职能,因此,在参与"三全育人"方面具有顶层设计上的优势。他们既可以根据上级教育主管部门下发的文件、通知,结合实际及时制定本校的通知、方案;也可以根据学校的实际发展需要制定相应政策,推进某些特定问题的解决和整体育人工作的发展。在这一点上,高校机关党员可以发挥自身独特而关键的作用。

(3)服务职能上的优势。以A校为例,机关党员分布在校内的27个行政、教辅部门,涵盖了除教学单位和图书馆以外的所有部门,而且每个部门都是某一工作职能的主导者和执行者,如组织、宣传、纪检、学工、教务、科研、人事、后勤等,各个部门都负责领导和统筹全校的相关特定工作。这些部门的党员都是相应领域的行家里手,业务熟练、服务热情,既可以在特定领域参与"三全育人",又能够与其他部门协调合作,共同贯彻"三全育人"的要求。

(4)人才素质上的优势。高校机关党员年富力强,文化层次高、职称职级高,他们大多数是守初心、敢担当、能力强、思路清、作风正的德才兼备的领导干部,工作经验多、社会阅历丰富,整体素质普遍较高。这是参与"三全育人"极其有利的优势。习近平总书记多次强调,发展是第一要务,人才是第一资源,创新是第一动力。因此,只要充分调动高校机关党员的服务积极性,发挥高校机关党员的人才资源优势,激发人才潜力,就能为大学生成长成才提供强有力的人才支撑。

2.高校机关党员"三全育人"的难点

(1)缺少统筹协调。高校机关党员"三全育人"的首要难题是缺少统筹协调。部门之间各自为政的现象比较普遍,即使有合作,范围也比较小,合作的广度和深度不足,没有形成强大的合力。部分高校也习惯于把各个部门立足本职工作所取得的成绩进行累加,以此作为"三全育人"的成效,其实这与事先进行顶层设计并持续统筹推进是两种层次、两种效果。

(2)与学生接触机会不多,时间和精力有限。高校机关党员大部分要坐班,上班的时间、地点相对固定,且通常与教学区和学生生活区有一定的距离,除学生办理业务需要到访或者机关党员承担部分教学任务以外,与学生接触的机会并不多,沟通交流也不充分。而且,高校机关党员的工作时间和精力主要放在行政、教辅工作上,因此,在时间和精力方面,难以满足大学生成长成才的实际需求。孔子在《学记》中提到"亲其师,信其道",也就是说一个人只有在亲近、尊敬自己的师长时,才会相信、学习师长所传授的知识和道理。因此,高校机关党员与学生接触机会不多,时间和精力有限也是推进"三全育人"的一大难题。

(3)工作载体建设有待加强。目前,部分高校还不够重视相关工作载体方面的建设,由于缺少相对固定的工作载体,部分高校的机关党员很难发挥优势,在参与"三全育人"方面也仅限于做好本职工作。其实,好的工作载体可以起到理顺关系、明确责任、凝聚力量的作用,可以为机关党员参与"三全育人"提供平台支持和资源保障。

(4)激励机制不健全。目前,部分高校的机关党员在参与"三全育人"方面还处于自发和松散的状态,缺少专注性和持续性。还有一部分高校虽然已经重视该问题,且或多或少地组织开展了相关工作,但由于激励机制不健全,部分机关党员对"为什么要服务""怎么服务""要服务多久""学生需要什么样的服务"等问题仍心存疑惑,所以,他们服务的主动性和针对性不强,服务效果不尽如人意。

二、A校机关党员"三全育人"的实践

(一)坚决贯彻党的教育方针,把学生培养成为合格的社会主义建设者和接班人

党的十九大报告明确指出:"党政军民学,东西南北中,党是领导一切的。"因此,高校必须坚持和加强党对学校各项工作的全面领导,坚定社会主义办学方向;高校机关党员必须不折不扣地贯彻党的教育方针,身体力行地把学生培养成为合格的社会主义建设者和接班人。A校注重发挥党建引领作用,积极推动党建工作与中心工作深度融合,助力"三全育人"。

1.机关党员积极开展和参与"党建+"引领工程,具体就是在谋划各项工作、制定各项政策、落实各项任务、反思各个环节时都要把党的政治核心作用摆在首位,把党的领导凸显出来。以"党建+"作风建设、创新平台建设、师德师风建设、教学工作、科研工作、大学生思想政治教育、学风建设、创新创业教育、脱贫攻坚等具体内容为抓手,推动党建工作与中心工作深度融合,以党建引领促进各项事业发展。

2.机关党员积极开展和参与"党员牵手、支部共建"活动。以"党员牵手师生共同进步、支部结对联手创优共建"为主题,围绕培养社会主义事业合格建设者和可靠接班人的根本目标,通过机关各党支部与二级学院学生党支部结对共建,搭建教师与学生共同进步发展的新平台,并积极探索形成新形势下人才培养的长效机制。主要任务是以学生需求为导向,发挥机关党员各自的优势和特长,以"三会一课"为主要形式,每学期共建党支部共同开展一次专题学习、共同上一次党课、共同开展一次主题党日活动。机关党员积极把宝贵的工作经验、丰富的人生阅历和前沿的科研项目等带入学生党支部,培养学生健全的人格,激发学生的学习兴趣,解决学生学习和生活中遇到的实际困难。

教学相长,共同进步。

3.机关党员积极开展和参与"三全育人"工作。一方面,紧紧围绕"立德树人"目标,积极参与大学生创新创业教育示范基地、"以文化人"示范基地、组织育人示范基地、实践育人示范项目、网络育人示范平台等"三全育人"平台的培育与建设工作,从整体上把"三全育人"理念落实到高校人才培养当中。另一方面,积极以活动方案策划者、组织者、指导教师、评委、授课教师等身份参与到"三全育人"系列活动中,如举办"筑梦·红色家园"读书分享会,成立"新时代讲习所"、"筑梦·红色家园"欧阳予倩话剧团、"筑梦·红色家园"大学生合唱团和教职工合唱团,建设学生公寓党群服务中心和党员先锋站,以及推进易班建设等,真正为大学生筑梦、圆梦注入红色力量。

(二)积极落实联系制度,做好学生成长成才的引路人

落实联系制度是贯彻党的群众路线的重要举措,也是构建育人共同体的具体实践。

1.积极落实党员联系制度。每名党委常委、二级党组织委员至少联系一个党支部;每个教师党支部至少联系一个学生党支部;每个党支部至少联系一个班级;每名党员至少联系一名群众;每名党委常委、二级学院党员领导、党员学科带头人至少联系一名党外的优秀青年教师。通过积极搭建支部与支部、支部与班级、党员与群众共同进步的新平台,助推学校内涵式发展。

2.积极开展处级领导干部深入基层联系学生班级活动。全校处级领导干部每人联系一个学生班级,直到该班级毕业,每学年做好"四个一"工作(参加一次党日团日活动或主题教育,开展一次座谈交流,走访一次宿舍,为学生办一件实事),帮助学生解决生活、学习困难,对学生班级的发展提出合理化建议。全校处级领导干部切实履行办学治校、育人育才、维护稳定的政治责任和领导责任,积极营造"全员育人、全方位育人、全过程育人"的良好氛围,做好学生锤炼品格的引路

人、学生学习知识的引路人、学生创新思维的引路人、学生奉献祖国的引路人。

3.积极开展机关党员挂靠学生宿舍活动。为构建和谐校园,拓宽机关党员"三全育人"的途径,A校积极开展机关党员挂靠学生宿舍活动。具体做法是:首先各二级学院向机关党总支推荐急需教师引导帮助的学生宿舍,或党支部结对共建工作向宿舍延伸;确定需要帮扶或结对共建的学生宿舍后,由机关党总支从所属党支部推荐选拔3～5名机关党员挂靠相应的学生宿舍。挂靠时间为一年,经协商后也可以延长到学生毕业。机关党员挂靠学生宿舍后,学校要求每名机关党员每学期深入所挂靠的学生宿舍不少于两次。通过与学生谈心谈话,关心学生的思想、学习、生活、心理、就业规划以及遇到的困难与困惑,引导学生树立正确的世界观、人生观、价值观、荣辱观,指导并帮助所挂靠的学生宿舍营造积极、健康、和谐的宿舍文化。[2]机关党员挂靠学生宿舍活动只作为加强学生思想政治工作的一种补充,原各有关部门、二级学院、辅导员、班主任对学生的管理职能不变、责任不变。

(三)积极承担教学和科研任务,指导学生熟练掌握专业知识和技能

机关是很多高校的人才高地,这一现象较为普遍。一方面,机关的环境培养了大批党员领导干部;另一方面,大批具有丰富工作经验、业务能力强、表现优异的基层人员被提拔至机关工作,因此,机关成了人才聚集的地方,也是"三全育人"可以倚重的重要资源。

1.机关党员积极承担各种授课任务

教书育人是高校教师的根本任务,机关党员在完成本职工作任务的基础上积极承担授课任务,不仅有利于个人发展,也有利于学校盘活教师资源,给学生提供更多的教学服务。机关党员不仅可以胜任专业课和公共课的授课任务,而且能够利用业余时间发挥所长开设大量

选修课,以及承担学校党校、二级学院党校的党课授课任务。其中,机关党员比较擅长的课程包括思想政治教育课、大学生就业指导课、心理健康教育课、创新创业指导课、形势政策课等。例如,A校2019年11月开设的一门全校性的思政通识教育公选课"壮美广西",就是机关党员与马克思主义学院教师结合广西实际联合打造的高校思政"金课"。课程围绕习近平总书记"建设壮美广西、共圆复兴梦想"重要题词精神,结合"六壮""六美",围绕广西政治、经济、文化、社会、生态五大建设开设八讲,采用问题导向型教学模式,每一讲由2~3名教师组成的团队进行授课,通过专题、对谈、辩论等多种方式,给学生带来对时事热点的多层次、多视角的全方位透视,反响很好。

2.机关党员积极参与创新创业教育

A校成立了创新创业学院,统筹全校的创新创业工作,机关党员也踊跃参与其中。他们围绕中国"互联网+"大学生创新创业大赛制定了《中国"互联网+"大学生创新创业大赛参赛学生奖励管理办法》,举办创新创业大赛训练营和专题讲座,承担"大学生创新创业基础与就业指导"课授课任务,以及指导学生参加中国"互联网+"大学生创新创业大赛和广西创业大赛等。机关党员通过指导学生参加比赛,培养品德好、基础实、专业精、创新创业能力强,适应地方和区域经济社会发展需要的高素质应用型专门人才。仅2017年,在第三届中国"互联网+"大学生创新创业大赛参赛活动中,A校累计参赛学生达2963人,参赛项目792项,并在区赛中获得2金3银8铜的良好成绩,金牌数位居广西全区第五,再次荣获"优秀集体奖"。其中,有20%的项目由机关党员指导完成。

3.机关党员积极指导学生参加学科竞赛和开展科学研究

机关党员积极指导学生参加全国大学生机器人大赛、大学生结构设计竞赛、"蓝桥杯"全国软件和信息技术专业人才大赛、师范生教学技能大赛、"新道杯"创新会计人才技能大赛、全国商务秘书职业技能大赛、全国旅游院校服务技能大赛、广西大学生BIM应用技能设计大赛等各级各类学科竞赛,以赛促学、以赛促创,切实提升学生的专业技能。据统计,A校近两年认定的119名"双师型"教师中,机关党员有22名,占总数的18.49%。同时,机关党员还积极通过指导毕业论文,指导课题申报,指导参加"创青春"大学生创新创业大赛和"挑战杯"全国大学生课外学术科技作品竞赛等各级各类赛事,锻炼和拓展学生的科研能力。

(四)积极落实全程导师制度,指导学生做好个人发展规划

A校积极落实本科生全程导师制,以培养具有创新意识、创新精神和创业能力的高素质应用型人才。本科生导师实行聘任制,聘期一般为4年,由二级学院院长从"双师型"教师和责任心强、业务水平高的党员教师中选聘,每个导师指导3~6名本科生。导师根据学生成长阶段的不同,负责对自己所指导的学生进行思想疏导、学业指导、学术熏陶、双创引导、就业指导:一年级,重点开展思想疏导与专业教育,指导学生制订专业学习计划和职业生涯规划,指导学生开展校内外教学实践活动;二、三年级,重点指导学生开展创新创业实践,组织并指导学生参加各种学科竞赛与创新创业能力训练,指导学生开展各类社会调研与实践,确定毕业设计(论文)选题方向;四年级,指导学生开展并完成毕业设计(论文),主动提供就业信息并给予学生就业指导,引导学生顺利就业或考研。此外,A校从2016年开始陆续在学生公寓区建成6个学生公寓党群服务中心,中心配备有电脑、打印机、投影仪、空调、桌椅等设备,方便学生党员和普通学生随时开展活动和沟通交流。学生公寓党群服务中心就像教室和宿舍之间的桥梁,让每一位学生在公寓区500米范围内就能寻得交流或自习的场所,为提高学生考研成功率提供了有力保障。

三、高校机关党员"三全育人"的意见建议

(一)做好顶层设计,加强统筹协调

机关党员"三全育人"不是某个部门的事,也不是仅靠少数部门就可以完成的工作。习近平总书记提出的"三全育人"要求,除培养社会主义建设者和接班人的要求之外,还可以理解为提高育人效率的要求。假如没有做好顶层设计,不注意统筹协调,各部门在开展工作时照旧各自为政,那么育人的效率就不会提高,还有可能造成资源的浪费,甚至会出现各部门相互抵触拆台的现象,这些都不符合习近平总书记"三全育人"的要求。因此,机关党员参与"三全育人"必须紧紧围绕"时时是育人工作良机,处处是育人工作阵地,人人是育人工作者"的目标要求,站在全局的高度去谋划,加强各部门之间的统筹协调,积极构建育人共同体,切实加强合作,提高效率。具体而言,就是在谋划工作和制定政策时,要做好顶层设计,充分研究可行性;在组织实施和落实具体工作时,要做好分工合作,加强统筹协调,从而形成强大合力;在育人理念上,要着力实现"需求侧"和"供给侧"协同联动;在育人体系上,要着力实现目标、内容、渠道、队伍的相互协同。[3]

(二)抓实现有措施,加强总结反思

在服务学生成长成才方面,各高校都有自己的一整套成熟办法。在具体实践中,参与"三全育人"也并不一定是措施越多越好,因为措施的有效性不仅取决于数量,更取决于政策的执行程度和资源是否合理配置。例如,定期检查党支部结对共建活动是否扎实开展、党员联系制度是否落实到位、全程导师制度是否浮于表面等等,这些都要以学生是否认可、学生是否满意、学生是否成长作为衡量标准。只有定期排查和梳理落实的进度和存在的问题,才能确保"三全育人"的措施能够发挥作用、得到支持、具有持续生命力。

(三)坚持与时俱进,加强改革创新

党的十九大以来,习近平总书记对普通高等教育工作提出了很多新要求,国家层面也召开了对普通高等教育意义深远的大会,发布了很多新的重要文件。例如,习近平总书记在党的十九大报告中指出,"建设教育强国是中华民族伟大复兴的基础工程",在全国教育大会上提出"加快推进教育现代化、建设教育强国"的新要求;在新时代全国高等学校本科教育工作会议上,时任教育部部长陈宝生指出,高教大计、本科为本,本科不牢、地动山摇;2019年9月29日教育部印发《关于深化本科教育教学改革全面提高人才培养质量的意见》,对本科教育教学管理工作作出部署,推动"学生忙起来、教师强起来、管理严起来、效果实起来"。这些都是党和人民对办好让人民满意的大学提出的新要求。因此,高等教育必须主动调整,转型升级。服务学生成长成才要从"教"走向"育"。一方面,要聚焦学生,科学把握大学生的特点,因材施教、精耕细作,摒弃"千人一面"的教育模式,实现"千姿百态"的教育效果;另一方面,要聚焦教师,进一步优化教师的能力结构,坚持政治能力、专业能力、教学能力、育人能力一体化发展,引导教师做到教学与科研兼顾、教书与育人兼顾,以德立身、以德立学、以德施教,做党和人民满意的好教师。

(四)完善激励机制,加强氛围营造

机关党员参与"三全育人"是高校"三全育人"的重要组成部分。要想充分激活机关党员的服务热情,提升服务质量,有条件的高校应该为机关党员参与"三全育人"提供必要的支持和奖励。在制定政策时应尽量考虑如何对服务流程进行优化,如何对服务效果进行评价,对于服务成效好的机关党员如何进行精神褒奖和物质奖励。要让参与"三全育人"蔚然成风,成为机关党员促进自身工作的动力。与此同时,还要注意多创造机关党员与学生接触的机会,营造平等、融洽的师生关系,引导学生树立善学、好学意识,降低学生对教师的隔阂感,愿

意主动和教师交朋友。

总之,高校机关党员"三全育人"既有明确的努力方向,也有良好的工作基础,更有坚强的政策保障。各高校只要坚持问题导向,结合实际、因地制宜,不断加强和改进工作方法,做好统筹协调,抓好具体落实,机关党员开展和参与"三全育人"一定能提质量、上水平。学生能够扣好人生第一粒"扣子",树立正确的世界观、人生观、价值观,成为合格的社会主义建设者和接班人,就是对高校机关党员"三全育人"的最好回报。

注释

[1]习近平.在北京大学师生座谈会上的讲话[N].人民日报,2018-05-03(02).

[2]毛芳才.高校机关党员挂靠学生宿舍的实践思考[J].贺州学院学报,2009(4):15-17.

[3]杨晓慧.高等教育"三全育人":理论意蕴、现实难题与实践路径[J].中国高等教育,2018(18):4-8.

〔莫勋,贺州学院文化与传媒学院党委副书记;毛芳才,贺州学院党委副书记、博士、教授〕

推进高校学生党支部标准化规范化路径探索*

◎ 农英杰
Nong Yingjie

摘要：高校学生党支部存在组织生活参与率不够高、开展不按时、开展程序不够规范、政治性不够强、实效性不够好等问题。为全面推进高校学生党支部标准化规范化建设，应做到以学为主、以严为先、以践为力、以干为本、以实为重、以情为点、以宣为要。

关键词：标准化；规范化；组织生活

习近平总书记在党的十九大报告中强调，要以提升组织力为重点，突出政治功能，把基层党组织建设成为宣传党的主张、贯彻党的决定、领导基层治理、团结动员群众、推动改革发展的坚强战斗堡垒。党建标准化规范化是指导和落实党的建设的一套目标、制度、流程、载体、方法。[1]高校学生党支部在建设的过程中，应贯彻落实新时代党的建设总体要求和新时代党的组织路线，以高质量的组织生活不断强化政治功能，全面推进标准化规范化建设。

---

* 本文原载于《现代交际》2021年第8期第179～181页，收入本书时有改动。

一、高校学生党支部所存在的主要问题

目前,高校学生党支部普遍存在政治功能不够硬、组织力不够强、吸引力不足、凝聚力不够等问题;党支部书记存在党务能力不足等问题;支委存在职责落实不够到位等问题;学生党员存在参与支部生活不够主动、党员意识不够强等问题。以上问题集中表现为组织生活参与率不够高、开展不按时、开展程序不够规范、政治性不够强、实效性不够好。

二、全面推进高校学生党支部标准化规范化建设的路径

高校学生党支部要发挥好引导学生思想成熟、专业成长的主阵地作用,自觉做到"六规范",即规范做好组织、队伍、服务、示范、效能、保障等六方面工作;用好"五个1",即1对照、1落实、1反馈、1评价、1整改;做到"四个讲好",即讲好政治、讲好原则、讲好要求、讲好纪律。

（一）以学为主,树牢终身学习理念

党支部是教育管理监督党员的"最先一公里",也是全面从严治党向基层延伸、向纵深推进的"最后一公里"。[2]学习是思想武装头脑的重要途径之一,也是支部强化政治功能的必不可少的手段之一。要积极探索模式创新,把政治学习融入人才培养课程、学生日常教育中,坚持育心与育德相结合。

1.从学习主体来看

(1)党支部书记个人的学习态度将直接影响支部的学习氛围。党支部书记在学习上要起带领、示范、指导的作用,通过"自学＋集中学＋培训学"的形式提高自身的理论水平,同时结合支部情况、支部成员的专业特性,制订好支部的"三会一课"学习安排计划,有计划、有组织、有依据地组织开展学习。

(2)学生党员是学习的主体,应主动在党委、党支部的指导下,依托"两学一做"学习教育常态化制度,把学习习近平新时代中国特色社会主义思想作为学习的重点,严格落实"三会一课"制度,通过"集中学习＋个人自学""党课辅导＋专题研讨""理论学习＋党性锻炼""线上＋线下"等形式开展学习。

2.从学习内容来看

(1)政治学习。加强政治理论学习是提升社会责任感和使命感的要求。在当下信息爆炸式、快餐式发展的情况下,面对纷繁复杂的世界局面和国际态势,党员加强政治理论学习是厚植思想素养,增强"四个意识"、坚定"四个自信"、做到"两个维护"的根本要求;是践行初心、使命的基本需要;是锤炼党性修养,做干净、担当的好党员的基本要素。把理论学习作为一种政治责任、一种精神追求、一种生活方式,当作自己的分内事、要紧事来看待,联系实际学,不断跟进学,切实强化党支部的政治功能、党支部书记的政治责任和政治能力、党员的政治意识和政治觉悟。

(2)红色学习。习近平总书记强调,"学习党史、国史,是坚持和发展中国特色社会主义、把党和国家各项事业继续推向前进的必修课"。知史以明鉴,察古以知今,只有抓好"四史"学习,才能深刻认识中国红色政权、新中国、中国社会主义现代化的来之不易。

(3)专业学习。党支部书记应加强党务专业工作能力的学习和运用,通过"模仿学习＋结合支部特性"的方式提高工作能力,以更全面、更高效地指导和开展支部建设工作。学生党员的首要任务是专业学习,要在党建的领航下明本职、亮身份、重专业、提技能,通过交流合作、自主探索等方式,挖掘自身的专业特性,学好专业知识,夯实专业技能。

3.从学习途径来看

(1)线下学习。线下集中开展支委会、党小组会、党员大会、党课等,深入推进"不忘初心、牢记使命"主题教育,把学习贯彻习近平新时代中国特色社会主义思想作为重点,并通过学习交流、感悟分享、总结报告等形式,把学习体会与个人成长、专业成长相融合,树立学习自信和发展自信。

(2)线上学习。用好"学习强国"学习平台,通过《要闻》《新思想》等栏目了解国家最新的政策理论思想;通过《实播中国》等栏目实时掌握国家最新的风范态度;通过《实践》等栏目了解各行各业的创新发展措施;通过《科技》等栏目全面感受国家日益强大的魅力。在支部中形成学习常态化态势,形成"你追我赶"的学习竞赛模式,并树立一批学习标兵进行示范和引领。

(二)以严为先,坚定纪律规章意识

习近平总书记在党的十九大报告中指出,坚持全面从严治党,必须以党章为根本遵循,把党的政治建设摆在首位。在支部建设的过程中,要以"三严三实"为底线,认真学习领悟,做到学习与记忆相结合,思考与总结相结合,民主测评与整改落实相结合。只有做到"严"之有理、"严"之有章、"严"之有则,才能行之有据、行之有效、行之有悟。

1.读原著、学原文、悟原理

重点学习《中国共产党章程》《中国共产党廉洁自律准则》《中国共产党纪律处分条例》《习近平谈治国理政》(第三卷)等书目,通过原原本本读、结合自身感悟谈的形式,营造善学善思善说的风清气正的学习氛围,切切实实地先从思想上守规矩、守纪律。

2.严以修身,严于律己,心存戒惧

以严为先,始终做到心中有党、心中有民、心中有责、心中有戒、心中有律,自觉同党中央保持高度一致,拥护党的章程和纲领,维护党和国家的利益和荣誉,把个人发展与党的发展紧密联系,把个人利益与集体利益紧密融合。

3.从群众中来,到群众中去

通过谈心谈话、座谈会等形式,结合各方面的意见和建议,抓好整改落实,扎扎实实地为群众办好事、办实事,特别关注困难党员的学习生活情况,构架起党员个人成长与支部发展的稳固桥梁,突出支部的关怀力、向心力、凝聚力,为支部更好地建设发展提供参考依据。

(三)以践为力,营造活力效能氛围

1.以活动为契机,打造党建活动品牌,鼓励学生通过第二课堂提升专业技能,展示个人风采和魅力

(1)把支部活动与当前重点工作紧密结合。在当下疫情防控常态化的情况下,鼓励学生参与到抗"疫"志愿者行列,同时开展战"疫"主题教育,引导学生党员进一步增强民族自尊心、自信心、自豪感,自觉把个人理想追求、创造价值融入党和国家的伟大事业中。

(2)传播红色文化,擦亮红色品牌,师生共同唱响红色教育主旋律。依托红色资源、红色基因提高党建文化的感染力和生命力,让红色文化直抵人心,打造党建文化沙龙,搭建"筑梦·红色家园"的学习交流平台,坚持组织育人、服务育人,以学生喜闻乐见的形式紧扣立德树人根本任务;利用好当地丰富的红色教育教学资源,将"主题党日"和"三会一课"有机结合,丰富主题教育的内容,拓展革命传统教育的深度和广度;讲好革命先烈故事和爱国主义故事,重温党的光辉历程和优良传统,将家国情怀内化于心、外化于行,在重温红色历史、感受红色精神中,大声地把对祖国、对党的爱和热情通过声音、画面、文字等丰富多彩的形式展示出来。

(3)建好"班级—团支部—党支部"协同工作机制。畅通意见反馈、监督提醒渠道,激发群众监督的热情和主动性,重点举办群众座谈会、开展党支部与班级团支部面对面活动等,拉近支部与普通群众之间的距离,促使支部更好地发挥战斗堡垒作用,党员更好地发挥先锋

模范作用。

(4)戴党徽、明身份,争做学习标杆。设立党员先锋岗、党员宿舍,开展党员考试亮牌活动、"学习强国"学习标兵评选活动、过"政治生日"活动等,引导支部成员时刻谨记自己的双重身份,无论何时何地,都能以一名合格甚至是优秀的共产党员的标准严格要求自己,并以自己的一言一行、一举一动给身边的同学起示范作用。

2.以比赛为载体,重在帮助学生巩固专业知识技能,明确自身的优点和不足

遵循"突出能力,强化实践"的宗旨,调动学生协同踊跃参加创新创业、跨专业、不同层次的比赛,发挥好支部的导向作用、主体作用和团队合作作用。鼓励学生重点参加与专业相关的学科竞赛,如汉语言文学专业学生重点参加师范生技能大赛等,秘书学专业学生重点参加秘书风采大赛等,广播电视编导专业学生重点参加大学生广告艺术大赛等,数字媒体艺术专业学生重点参加中国大学生计算机设计大赛等。

(四)以干为本,发挥先锋模范作用

一滴水,用显微镜看,也是一个大世界。党员发挥先锋模范作用,应从身边的点滴小事做起。支部可构建志愿服务能动机制,组织开展系列志愿活动,如设置"党员奉献日",每月固定一天组织支部成员以广大群众为服务对象,以结合实际、体现特色、注重方式、凸显实效为原则,以"我奉献,我快乐"为活动宗旨,开展环境美化、结对帮扶、专业成长、组织生活等活动,如通过持续开展"干成一件事,岗位显风采"活动等,落实"争做合格党员"行动,让学生在活动中有感悟、收获、成长、成就。

(五)以实为重,筑牢支部战斗堡垒

组织开展丰富多彩的活动是提升支部魅力的有效措施,但是,在开展活动的同时,也要关注到支部最根本的工作职责是教育、管理、监督、服务党员,组织、宣传、凝聚、服务群众。支部要把政治建设摆在首

位,坚持把党的全面领导落实到基层,规范和优化设置,选优配强支委,健全完善民主测评机制,严格党员教育管理,按照"一个支部一面旗、一名党员一颗星"的目标,发挥好战斗堡垒作用。

(六)以情为点,提高支部关怀力度

支部建设其实是在做"人"的工作,有热情的支部才可以焕发活力,有温度的支部才能保持长效发展,有魅力的支部才更有影响力。强化党内关怀帮扶措施,着力拓展关爱渠道,形成全方位的关爱体系,开展一对一结对帮扶活动、文化沙龙等,立帮立助困难党员解决生活、学业中的实际困难,激发困难党员战胜困难的信心和决心,增强困难党员对支部的归属感和信赖感。同时要建立健全谈心谈话制度,坚持常态化的交流机制,及时了解困难党员的动态,更有针对性地开展帮扶活动。

(七)以宣为要,构建多线联动体系

宣传工作是一项极为重要的工作。党的十八大以来,以习近平同志为核心的党中央高度重视宣传工作,对宣传工作方向性、全局性、战略性重大问题作出一系列部署和实践,积累了宝贵经验和有效做法。基层党组织要在深化政治理论学习、强化新闻舆论引导、推进思想道德建设、繁荣文化文艺、加强网络监管、提升外宣效能、巩固基层宣传、管好意识形态等各个方面下功夫,针对存在的问题,明确努力方向和改进措施,切实把问题解决好,不断推动宣传工作实起来、强起来。[3]

做好宣传工作需要全党团结协作,各尽其能、各司其职、各显神通。党支部在开展宣传工作时要把学习宣传贯彻习近平新时代中国特色社会主义思想作为首要政治任务,科学化规范化制度化宣传工作,不断增强宣传的感染力,营造良好的舆论氛围。聚焦主责主业,加强意识形态阵地建设管理,用好、用实宣传阵地,贯彻落实好宣传工作各项任务,打造一支思想坚定、能力过硬、责任心够强的宣传骨干队伍,通过党务公开栏、QQ、党员先锋站、网站等媒介宣传基层党建工作,持续做好先进典型选树和宣传工作,营造学习先进、争当先进、赶超先进的氛围,做到"抓典型、抓标准、抓覆盖"。以点带面,以点带线,通过立体化宣传网络,着力打造支部品牌,注重"党建+"效能,构建"支部—支部成员—班级团支部"的宣传体系,真真正正地通过线上线下的形式扩大支部的影响力,并形成一定的品牌宣传效应,改变党支部一直以来所带给人的"沉闷"形象。

三、结语

推进高校学生党支部标准化规范化建设,就是通过科学的整合、精简、统一、分解、组合、匹配等标准化手段,对党建工作的实践经验进行提炼、对实施步骤进行规定,把全面从严治党抓实抓细。全面推进标准化规范化建设是一项重要且迫切、严肃且长效的工作。高校学生党支部具有能动性强、特色鲜明、充满活力等优点,同时也存在学生思想不够成熟、思考问题不够深入、交流沟通不够主动等不足,所以,高校学生党支部在进行标准化规范化建设的过程中应扬长避短,做到规定动作不走样、自选动作有特色,用青年大学生喜闻乐见、容易接受和消化的方式开展组织生活。

注释

[1]曾万明.大力推进基层党组织标准化规范化建设[J].党建研究,2018(6):52-53.

[2]中央统战部机关党委.以党支部标准化规范化建设为抓手 着力推动统战系统基层党组织全面进步全面过硬[J].机关党建研究,2020(9):11-13.

[3]洪卫华.聚焦职责使命 用心用情用功做好宣传思想工作[J].当代兵团,2019(21):39-40.

〔农英杰,贺州学院文化与传媒学院辅导员〕

培养模式研究

达标播出，讲好中国故事
　　——贺州学院举办新时代纪录片教育与创作研讨会综述　　　　　　　　熊　高
达标播出视域下应用型高校纪录片创作的探索与实践　　　　　刘称心　熊　高
校媒合作视域下卓越新闻传播人才培养的思考　　　　　　　　　　　　隆群良
地方高校转为应用技术型背景之下的人才培养
　　——以广播电视编导专业为例　　　　　　　　　　　　　　　　　聂有兵
"三链贯通"视域下校企协同育人的有效性评价策略研究
　　　　　　　　　　　　　　　　　　　黄桂明　莫宇瑛　颜　越　祝　林
重大疫情下在线课程质量保障体系建设探讨　　　　　　　　　　　　　黄桂明
试析专业实践和创业体验相融合的新闻人才培养新路径　　　　　　　　吴　翟

达标播出,讲好中国故事*

——贺州学院举办新时代纪录片教育与创作研讨会综述

◎ 熊 高

Xiong Gao

摘要:纪录片是讲好中国故事的重要载体。贺州学院与贺州电视台合作,对纪录片教育与创作进行了一系列的探索与实践,取得了初步成效。2018年12月19日,来自广西大学、广西民族大学、广州体育学院、广西电视台等机构的20多名专家学者相聚贺州学院,围绕新时代应用型人才培养、校媒深度合作、纪录片教育与创作、办学特色等问题进行了深入的研讨。

关键词:人才培养;校媒合作;纪录片教育

2018年6月25日,贺州学院与贺州电视台(2019年改为贺州广播电视台)合作项目——大型历史文化纪录片《潇贺往事之红色记忆》正式在贺州电视台开播。《潇贺往事之红色记忆》以讲述式纪录片方式,再现了贺州人民在中共广西省工委的领导下,在大革命、抗日战争和解放战争三个历史时期进行艰苦卓绝的革命斗争的故事,受到社会的广泛关注和好评。

---

* 本文原载于《贺州学院学报》2019年第1期第69~72页,收入本书时有改动。

2018年12月19日,贺州学院举办了主题为"新时代纪录片教育与创作"研讨会,来自广西区内外10多所高校与多家新闻媒体的20多名专家学者参会研讨。卓越新闻传播人才培养项目负责人熊高结合应用型人才培养,介绍了贺州学院纪录片教育与创作等情况。与会的专家学者围绕应用型人才培养、校媒深度合作、人才培养模式、纪录片教育与创作等问题,从不同的视角,结合各自的实际进行了深入的研讨。

一、关于应用型人才的培养

贺州电视台隆群良(副总编辑、主任编辑):作为合作单位和卓越新闻传播人才培养项目的任课教师,我想重点谈一谈贺州学院与我们台深度合作,创新新闻传播人才培养模式的一些情况。

长期以来,高校的新闻教学与新闻实践严重脱节,注重课堂的理论教学而忽视了新闻实践环节,贺州学院也是如此。其结果是理论与实践分离,学习与实用脱节。虽说学校会在应届毕业生毕业前安排其实习几个月,但一般来说,媒体都不愿意接收。究其原因,主要是学生仅有理论知识,很少或没有接触过实践,面对摄像设备一问三不知。这样的合作,对于媒体来说,简直就是一种负担。

我们这一次合作是深度合作,是全方位、全过程的合作。2016年底,贺州学院与我们台等媒体签订了"共同培养卓越新闻传播人才"协议。我们台改变了过去那种"放羊式"的合作,不仅要派出经验丰富且具有副高以上职称的资深记者参与教学,还要全程参与指导学生的作品,学生从进入卓越班开始直到毕业,要在市级以上媒体发表1万字的新闻作品。值得一提的是,我们在设计人才培养方案时,把要求学生写一篇毕业论文改为创作一部时长15分钟并达到市级以上主流电视媒体播出要求的纪录片,学生达到这一要求方能毕业。这既是一项硬性规定,又是一次高难度、全方位、综合性的攀爬。经过我们双方商议,决定按照栏目化播出和"共同选题、统一时长、统一风格、参与教学、学生创作、教师指导、达标播出"的要求,直接将学生的毕业作品转换为播出作品。

为了让卓越班的学生有一个展示平台,我们台决定创办一档纪录片栏目《潇贺往事》供项目使用,以贺州本地历史文化为选题,采用"一年一个选题、一年一个系列"的形式,固定下来,持续下去。第一部《潇贺往事之红色记忆》就是2014级学生以贺州红色历史文化为选题,采用"一集讲述一个故事"的形式,讲述贺州的革命历史。2018年6月25日,市委宣传部、市文新广电局把《潇贺往事之红色记忆》作为献给建党97周年的礼物,为此还专门举行了开播仪式,市委常委、宣传部部长、副市长朱东出席了开播仪式。

现在,2015级学生正在以"广西工业摇篮"平桂矿务局为新中国建设艰苦创业为选题,创作《潇贺往事》第二部《潇贺往事之创业岁月》。目前,已完成前期采访、拍摄工作。

湖南工业大学文学与新闻学院郑坚(院长、博士后、教授、研究生导师): 说实话,我是带着迷茫来到贺州学院的。这是因为我们湖南工业大学,特别是我们学院也在进行应用型人才培养,但至今还没有找到一个合适的人才培养模式。

通过昨天和今天的交流、学习,我收获很大,体会也有很多。贺州学院在硬件方面,比不上211和一流平台的高校,但在应用型人才培养方面进行了积极探索,特别是与媒体"深度合作、达标播出",产生了良好的效果,学生批量制作、媒体批量播出了17集大型历史文化纪录片《潇贺往事之红色记忆》,还播出了5部人文纪录片,发表了20多万字的新闻作品。这就是成果。

这样的合作,是一次打通高校和业界、理论和实践、教学和服务社会培养的新闻人才模式的创新,实现了从课堂到媒体、从阅读到动手、从高校人才培养到为社会服务的目标。学生的作品批量制作并且在市级电视台批量播出,对于大学生来讲是很少见的,特别是我们学校的学生,或者是国内的本科生、研究生都没有做到这一点。校媒合作项目,实现了在纪录片教育与创作中对人才全流程、全方位的锻造。

广西大学新闻与传播学院汪磊(教授、研究生导师):项目组在贺州电视台播出了《潇贺往事之红色记忆》系列纪录片,同时还在进行下一个系列《潇贺往事之创业岁月》的创作,实在难得。我们知道,从知识到能力有一个转换过程,需要不断地练习,知识才能成为能力。项目组围绕纪录片创作构建的培养方案、课程体系,实行以发表为抓手的"111511"[读100部与新闻传播相关的书,其中,精读20部;背诵100篇(首、段)经典范文,其中经典新闻作品15篇;观看100部(集、期)电视纪实性节目;写作50篇千字文;在主流媒体发表1万字新闻报道等纪实性作品;创作1部时长为15分钟的达到市级以上主流电视媒体播出要求的纪录片]自主学习和实践学习两大学习板块,能够有效地帮助学生将所学专业知识转换为专业能力,具有创新性。这一做法值得我们借鉴。

湖南科技学院传媒学院杨增和(院长、教授):贺州学院以发表为抓手,主动对接社会,通过与地方媒体的深度合作,以"基地+项目"的方式,把地方文化融入高校教学,把纪录片创作融入课堂中,批量制作、播出系列纪录片,并且是达标播出,这就很有自己的特色,传媒学生就业就有核心竞争力。

二、关于校媒合作、人才培养模式

贺州电视台隆群良(副总编辑、主任编辑):通过几年的合作,我们台共为卓越班安排播出23部(集)纪录片、专题片以及270多条电视新闻,实现了双赢。主要表现在两个方面:一是促进学生从专业知识向专业实践转变,解决了学生"知而不会"的问题,为媒体后续发展提供了人才资源保障,有的学生直接被单位挖走,像郝婧煊、张敏倔、董文霞等同学直接进入了新闻媒体工作;二是学生为媒体制作了许多内容新鲜、富有创意的作品,丰富了媒体的栏目和内容,扩大了媒体的受众群体,产生了良好的社会影响。对于这样的合作,我们高兴、我们欢迎,更愿持续下去,使校媒合作项目结出更加丰硕的成果。

湖南科技学院传媒学院杨增和(院长、教授):我是带着困惑来参加研讨会,向兄弟院校学习的。之前,熊教授通过微信发来了项目的情况和一些作品,我看后,确实获得了一些启示。我感觉到贺州学院确实是走在了我们前面,他们迎难而上,战略格局很高,思路很清晰。

我们传媒学院成立有10多年了,发展很快,学生从200多人发展到了1400多人,由1个专业发展到了4个专业。但这10多年来,我们只是满足于教学,没有形成自己的办学特色和优势,尤其是我们为社会服务这一块做得不好。我一直在想,能不能在办学特色上有所突破,特别是在"卓越人才培养"这方面能有一个突破?贺州学院在短短的几年时间就有了突破,取得了一些成就,而我们却一直在观望、徘徊,没有痛下决心。

贺州学院以发表为抓手,构建"打好一个基础,突出一个专业,形成一个强项"的培养方案,尤其是"111511"自主学习和实践学习计划,内容量化、达标过关,促使学生学有所成。我觉得这个做法非常好,目标非常明确,任务驱动也非常明确。这一点,尤其值得我们学习借鉴。

湖南大众传媒职业技术学院劳光辉(院长、教授):应用型人才培养是以生产为中心来培养人才,要让学生在真实的生产环境中进行节目创作生产,这样才能真正培养学生的能力。贺州学院与贺州电视台的深度合作是一个非常好的尝试。一个行业有一个行业的标准,学生一开始就要按照行业的要求来策划、写作、拍摄、制作。学生通过"111511"人才培养计划能够很快地适应用人单位和工作的需要。行业人士通过深入参与课程设置、教学和实际项目等,能够很好地弥补我们教师普遍存在的知识结构、专业技能的不足。贺州学院能做到这一点,特别是"达标播出"式的合作,是产教融合的一种好形式,我觉得这是一个很难得的成功尝试。

湖南工业大学文学与新闻学院郑坚(院长、博士后、教授、研究生导师): 新闻传播教育特别是纪录片教育与创作必须充分发挥行业的作用,让行业参与到人才培养中,共同培养人才,打通教学与社会服务、文化传承之间的壁垒,让培养的学生直接服务于地方经济的发展和文化的传承。

贺州学院在设计人才培养方案时,把写一篇毕业论文改为了创作一部在市级以上主流电视媒体播出的纪录片,学生达到要求方能毕业。这就是按照人才培养目标和要求,从课堂到电视屏幕,设计相关课程和学生自学、创作等环节,实现了学生在专业素养和能力方面的全方位提升。

广西电视台新闻中心周保福(高级记者): 贺州学院不是以学校标准,而是按业界标准来培养新闻传播专业的学生,这样就打通了教与学、知与会、专业知识转换为专业能力的"最后一公里",实现了校媒之间的无缝对接,培养出来的学生势必成为用人单位"招之即来、来之能战"的熟练的新闻从业人员。以"发表为抓手"这一教学理念构建的新闻传播课程体系实创新。如,打好一个基础(文化基础)、突出一个专业(新闻学专业)、形成一个强项(纪录片方向)"三个一"的课程架构,形成知识的环环相扣和相互衔接。"111511"自学、实践板块指标和"达标播出",既能让学生及时地将所学的课程知识转化为专业能力,同时能为媒体服务。这样的学生,媒体等用人单位是欢迎的。

三、纪录片教育与创作

广西大学新闻与传播学院汪磊(教授、研究生导师): 贺州学院纪录片教育与创作走在了我们广西高校的前列。纪录片创作要掌握好"正、大、综、艺"几个方面。"正"包含两个方面,一方面是指"正能量",

要给人一种向上的精神;另一方面是指"正规化",要有一个标准,很多人拍不好纪录片的主要原因在于缺乏标准。"大"是指纪录片要有大情怀。做纪录片虽然是从小角度切入、小故事带出,但是创作者心里必须有大情怀,如果只讲小故事而心里没有大情怀,那么作品就无法传递出正能量。"综"是指综合知识。要做好一部纪录片,需要有综合知识,包括文史哲和自然科学知识,其中最重要的是历史知识,丰富的历史知识能够带给人大格局,有了大格局才有大情怀。"艺"是指纪录片的艺术性。很多文化作品之所以能够流传至今,很重要的一个原因就是具有艺术性。创作者必须有发现的眼光,要善于发现;发现之后还要善于表现,同样的内容可以从不同的角度用不同的方式来表现。现在,贺州学院已播出了20多部纪录片,而且是批量制作、批量播出,还正在做第二部《潇贺往事之创业岁月》,这就是一个很好的开始,万事开头难,余下的是进一步提升质量的问题。

湖南大众传媒职业技术学院劳光辉(院长、教授):看了《潇贺往事之红色记忆》这个纪录片,感觉很不简单。为什么?因为纪录片不好做,纪录片是讲究情节、悬念和故事过程的一个纪实性片种,还要运用多种语言符号和多种艺术手段。我觉得《潇贺往事之红色记忆》这个纪录片是模仿《国家记忆》,而且模仿得比较到位和成功。做节目本来就是从模仿开始,这对学生的综合能力培养非常有用。

广西民族大学吕瑞荣(教授、博士、研究生导师):这个纪录片,以广西为立足点,从纪录片选题和内容的角度,传播了广西的文化。广西有着丰富的文化底蕴及优秀的文化特质。作为纪录片的创作者,应该立足本土,保护好本土原生态的文化。同时,在进行文化传播的过程中,要选准优化广西传统文化的切入点,凝聚广西优秀文化传统的选题,要把文化传播与生态文明建设结合起来,把优秀的文化传播出去。

广西电视台新闻中心周保福(高级记者):在此之前,熊教授就通过微信把片子发给了我,我重点看了《钱兴》这一集,而且是看了两遍。总体感受是,片子是按照纪录片的手法,讲述广西省工委书记钱兴在抗日战争和解放战争期间,领导广西工委进行革命斗争的故事。学生采访了典型关键人物,实地拍摄了钱兴的故居、钱兴纪念小学等,还利用了电影资料、油画、实物等,所使用的手法都显得比较老到,特别是大片头编辑手法和选取的音乐也很专业。总的来说,片子是成功的,质量达到了在省级媒体播出的水平。

存在的问题:根据我参加自治区和我们台里好节目评奖的内情,我发现片子里有几个硬伤,说得不对请批评。一是字幕里出现"一担石灰""3000多担稻谷",应当是"石"而不是"担";二是出现字幕内容与配音内容不一致的现象;三是出现配音读音的错误,如钱发年的"发"字、蔡亚禄的"亚"字等。这些都是可以被一票否决的硬伤。尽管如此,一名本科生受诸多因素的影响,制作出了这样的片子,非常了不起,想当年以我们读书时的水平就做不出这样的作品。

四、小结

与会的专家学者认为,贺州学院以"发表为抓手"、以"产出为导向",按照行业的要求,与地方电视台深度合作培养卓越新闻传播人才,特别是"学生批量制作、媒体批量播出"的人才培养模式,是一次将专业知识转换为专业能力的大胆创新,有效地实现了学生专业素养和能力的全方位提升。

〔熊高,贺州学院特聘教授、高级记者〕

达标播出视域下应用型高校纪录片创作的探索与实践*

◎ 刘称心　　熊　高

Liu Chenxin　Xiong Gao

摘要： 应用型人才的培养,离不开和业界的合作,贺州学院卓越新闻传播人才培养项目在探索纪录片创作的过程中,摸索出了一条与业界加深合作的新思路,实施了调整人才培养方案、依托媒体平台、依托本土文化资源、借鉴优秀节目样式等一系列改革措施,最终指导学生创作并播出了一部17集的历史文化纪录片——《潇贺往事之红色记忆》,从而开创了广西高校学生以班为单位批量制作、媒体批量播出的先河,并在这一思路的指导下,《潇贺往事》第二个系列——《潇贺往事之创业岁月》也进入了创作的最后阶段。

关键词： 校媒合作；潇贺往事；纪录片创作；红色记忆

2018年6月25日,贺州学院与贺州市文化新闻出版广电局共同为贺州学院2014级卓越新闻传播人才培养计划班学生所创作的毕业作品——《潇贺往事之红色记忆》举行开播仪式。这部总共有17集的

---

* 本文原载于《西部广播电视》2019年第4期第116~117页,收入本书时有改动。

大型历史文化系列纪录片,在经过近一年的选题、拍摄和一次次的反复修改后,通过了党史、文化部门专家的评审、认定,于2018年建党97周年之际正式在贺州电视台播出。

《潇贺往事之红色记忆》作为首部全景式反映贺州革命历史的系列纪录片,再现了在广西省工委的领导下,贺州人民在大革命、抗日战争和解放战争三个时期进行革命斗争的历史。作品的播出标志着贺州学院作为一所地方高校在应用型人才培养上取得了突破性成果,也是贺州学院与贺州电视台"共同选题、统一时长、统一风格、参与教学、学生创作、教师指导、达标播出",校媒深度合作取得的阶段性成果。同时,其也开创了广西高校学生以班为单位批量制作、媒体批量播出的先河。

一、根据时代与社会的需要,及时调整人才培养方案

2014年,贺州学院正式成为全国应用技术大学联盟成员,整体转型为应用型大学。在这样的背景下,结合应用型人才培养的要求,卓越新闻传播人才培养项目组及时调整人才培养方案。第一,提高实践教学的比例,提升学生的实践技能,适当增加实践性、应用性较强的课程,同时对理论性课程进行适当删减;第二,将毕业论文改为毕业作品,要求学生必须为地市主流电视媒体创作并播出一部时长为15分钟的电视纪录片,才能达到毕业要求。

二、依托地方媒体平台,创新校媒合作新模式

校企合作是实现应用型人才培养的重要途径,对于传媒类专业来说,高校与地方媒体合作,是实现应用型人才培养目标的必经之路。从学校角度来看,学校可以利用媒体单位的工作氛围,提升学生的职业技能,提高学生的职业素养,为学生今后就业打下基础;从媒体角度来看,与高校深度合作,可以将用人要求直接贯穿到教学与实践过程中,为媒体后续发展提供人才资源保障,同时,学生也能为媒体生产许多内容新鲜、富有创意的作品,从而丰富媒体的栏目和内容,扩大受众群体,产生良好的社会影响。但是,当前校企合作、校媒合作大多停留在简单粗放的观摩学习模式,学生无法真正深入生产创作一线,真正做到与业界无缝对接。为打破这一局面,真正做到校媒深度融合,实现校媒双赢,2016年12月,贺州学院与贺州电视台、贺州人民广播电台签订联合培养卓越新闻传播人才协议,并对校媒合作进行了新探索,采取了以下措施。

(一)引入媒体师资,让有丰富经验的媒体从业人员走进课堂为学生授课

学校先后聘请了贺州日报社副社长郭勇娟、贺州人民广播电台副台长唐春兰和贺州电视台副总编辑隆群良等3名有着丰富经验的老师作为卓越新闻传播人才培养班的任课教师,他们每个学期至少承担一门课程的教学任务。与专任教师相比,业界教师具有丰富的从业经验,并且掌握着行业最新的动态,能够加深学生对行业的了解。

(二)依托媒体平台,搭建实习基地

实习实训是提高学生实践能力的重要途径,一个好的实习平台,不仅能够提高学生的实践能力,还能够让学生提前感受职场氛围,为将来就业做好准备。对于贺州学院卓越新闻传播人才培养班的学生来说,在媒体实习并发表不少于1万字的作品是他们取得毕业资格的必要条件。为此,每一届学生的实习,学校与贺州电视台、贺州人民广播电台和《贺州日报》等实习基地都精心组织、认真安排,根据学生的特点与需要安排适当的部门与岗位,并且采用"一带一、手把手"的方式,一个记者负责带一个实习生,从写作稿件到编辑稿件、从图像拍摄到图像编辑、从摄影摄像的使用到编辑设备器材的保养等,都由一个老记者实行责任包干,直到学生熟练掌握为止。实习完成之后,学生基本掌握了当一名记者需要具备的知识和技能。

（三）达标播出，与媒体共同选题，进一步深化校媒合作

为真正提高学生的创作能力，实现校媒双赢，2017年4月，贺州学院卓越新闻传播人才培养项目组与贺州电视台商定，以"潇贺往事"为选题，一年创作一个系列（目前已确定三个系列：第一个系列《潇贺往事之红色记忆》已经播出；第二个系列《潇贺往事之创业岁月》已进入后期制作阶段，预计在2019年5月播出；第三个系列《潇贺往事之扶贫路上》也进入了筹备阶段），由贺州电视台抽调采编骨干力量通过"传帮带"示范指导学生，按照"共同选题、统一时长、统一风格、参与教学、学生创作、教师指导、达标播出"的原则，直接将学生的毕业作品转换为播出作品。在作品的创作过程中，合作方贺州电视台由台长亲自参与节目选题和节目风格的确定，副总编辑参与教学和指导，制作部主任参与作品答辩工作，并派出两名经验丰富的采编人员跟踪指导。正是有了媒体的深度参与，学生所创作的作品质量才有了保障。

三、立足当地，挖掘本土文化资源，为社会服务

在已经确定的三个选题系列中，第一个系列《潇贺往事之红色记忆》讲述的是发生在贺州的红色革命故事，第二个系列《潇贺往事之创业岁月》讲述的是被誉为"广西工业摇篮"的平桂矿务局的故事，第三个系列同样也将讲述发生在贺州本土的故事。以"潇贺往事"为总的故事选题，讲述发生在贺州本土的故事，主要有三方面的原因。

第一，贺州本土有着丰富的文化资源。贺州地处桂、粤、湘三省（区）交会处，是潇贺古道的重要节点，自古以来就是中原文化、荆楚文化、湖湘文化、吴越文化与岭南百越文化最早的交汇点之一。[1]这里有丰富的红色文化、古城文化、古村落文化和古道文化。

第二，讲述本土故事，是贺州学院服务贺州地方社会经济文化发展的具体要求。服务社会，是高校的三大职能之一。贺州学院作为一所地方本科院校，为贺州地方经济社会文化发展服务是其职责所在。

以"潇贺往事"为选题,讲好贺州本土故事,就是对贺州历史文化的传承与传播。

第三,从现实角度来看,立足本地,是降低拍摄制作成本的有效途径。

四、借鉴成熟的节目形态

他山之石,可以攻玉。对于刚涉足纪录片创作的大学生来说,模仿优秀的纪录片作品,借鉴成熟的节目形态,是提升自身创作能力和作品水平的有效途径之一。因此,在制作《潇贺往事之红色记忆》时,根据题材特点,结合学校所拥有的硬件条件,创作者们参照中央电视台《国家记忆》栏目的节目形态,通过主持人讲述、同期声采访讲述、细节展示、情景再现、影视资料应用以及解说词和字幕等多种叙事手法,以讲述式纪录片的形式再现了贺州的革命历史。之所以选择《国家记忆》作为参照对象,主要有两方面的考虑。

第一,从题材上看,《潇贺往事之红色记忆》的题材与《国家记忆》的题材具有相似性。《潇贺往事之红色记忆》讲述的是在大革命时期、抗日战争时期、解放战争时期发生在贺州大地上的革命事件和参与事件的革命人物;《国家记忆》展现的是党史、国史、军史中的重大历史事件及各领域重大工程建设,揭秘重大决策背后的故事,讲述各阶层各时代代表性人物,记录讲述党的奋斗史、创业史、中国特色社会主义探索史、改革开放进程史。[2]

第二,从节目形态上看,《国家记忆》融合了珍贵的历史资料、逼真的三维动画、极具科技感的历史场景穿越等多种视觉元素,这些视觉元素的应用,能够给观众带来新奇的视觉感受,吸引观众眼球。

五、存在的不足

《潇贺往事之红色记忆》的播出,无论是对贺州学院卓越新闻传播人才培养项目团队还是对卓越新闻传播人才培养班的学生来说,都是一种鼓舞与肯定,对于贺州学院和贺州电视台来说,是双方加深合作所取得的成果。但是,我们必须认识到的是,在这些作品当中仍然存在一些问题,例如:影视资料应用过多,且大多数画面质量不高;表现手法比较单一,主持人讲述和解说词占了绝大部分篇幅,影视特效和三维动画等科技感强、能带给人视觉冲击的技术手法运用太少;在叙事上,整体故事性不强,对细节的挖掘仍然不够;部分作品选取的采访对象说服力不足;等等。

注释

[1]刘广东.贺州特色历史文化资源在思政课堂中的运用探析[J].广西教育学院学报,2013(4):137-139.

[2]国家记忆栏目介绍[EB/OL].(2019-01-01)[2019-02-10].http://tv.cctv.com/lm/gjjy/.

〔刘称心,贺州学院专任教师;熊高,贺州学院特聘教授、高级记者〕

校媒合作视域下卓越新闻传播人才培养的思考*

◎ 隆群良

Long Qunliang

摘要： 在实施卓越新闻传播人才培养计划过程中，贺州电视台从实际出发，探索卓越新闻传播人才培养途径。他们采取校媒合作的方式联合培养卓越新闻传播人才，并将创新教育与新闻传播专业教育融合，推进新闻传播教学改革，提高卓越新闻传播人才培养质量。

关键词： 卓越新闻传播人才；培养；纪录片创作

2018年6月25日，《潇贺往事之红色记忆》在贺州电视台播出，开创了广西高校学生以班为单位批量制作、媒体批量播出的先河。该作品是贺州学院作为一所地方高校在应用型人才培养上取得的突破性成果，也是贺州学院与贺州电视台在"共同选题、统一时长、统一风格、参与教学、学生创作、教师指导、达标播出"模式下深度合作取得的阶段性成果。

---

* 本文原载于《视听》2021年第1期第203～204页，收入本书时有改动。

一、创新合作模式,实现优势互补

抓住业界转型的契机,创新校媒合作教学模式。贺州学院从人才实际需要出发,及时组建卓越新闻培养班,实施卓越新闻传播人才教育培养计划,加大实践课程在人才培养方案中的比重,培养学生的新闻及纪录片内容生产能力。

(一)传统型人才培养模式:新闻教学与新闻实践严重脱节

传统的新闻传播人才培养依靠封闭式的教学模式来完成,其导致的结果是理论与实践分离,学习与实用脱节。虽说学校在应届毕业生毕业前都会安排其去媒体实习几个月,但一般来说,媒体大多不愿意接收。究其原因,主要是学生仅有理论知识,很少或没有参与过实践,面对摄影器材一问三不知,更谈不上使用编辑制作设备了。而此项实习科目又是学校必走的程序,如果媒体方面接收过多实习生,学生不仅帮不上忙,有时还会添乱,就会成为媒体的一种负担。正因如此,学校为了完成学生的实习任务,甚至需要给媒体一大笔实习费用,才能勉强安排学生实习。

(二)创新型人才培养模式:学校和媒体合作,共同培养实践型新闻传播人才

一方面,学校培养应用型实践型新闻人才离不开业界媒体,必须有一个体验性、实践性的平台;另一方面,媒体所需要的应用型实践型新闻人才又离不开学校的培养。双方的共同需求,迎来了合作的春天。2016年12月,贺州电视台、贺州人民广播电台等媒体与贺州学院签订了"共同培养卓越新闻传播人才培养计划"协议。

这次合作一改过去那种实习三五个月、简单的"放羊式"的旧模式,取而代之的是全程式的跟踪指导和服务。广播电台、电视台不仅要派出经验丰富且具有副高以上职称的人员参与教学,还要全程参与和指导学生实习实训以及对新闻作品、专题作品和纪录片作品的指导

和把关,从学生进入卓越新闻培养班开始直到毕业。学生则在进入卓越新闻培养班以后,每个时期要按时完成教师布置的新闻作业、专题作业并在市级以上媒体发表。通过这种形式,学校和媒体形成互补,建立起校媒合作相互信任、相互支持的互惠互利的合作机制。

二、整合资源优势,联合定向培养

针对本科高校系统和专业过于分散的局面,贺州学院整合资源,集中优势,定向培养。他们从广播电视编导专业、网络与新媒体专业、文秘专业的大一学生中挑选一些高考成绩优异、日常表现好、综合素质强的学生,组成卓越新闻传播人才培养班,单独编班进行培养。从2014年开始,贺州学院文传学院每年都通过笔试从100多名报名的学生中挑选20~30名进入卓越新闻传播人才培养班学习。

(一)共同组建教学团队,为联合培养卓越人才奠定基础

教育大计,教师为本。建设一支高水平、高素质的新闻传播教师队伍成为培养卓越新闻传播人才、办好新闻传播教育的关键。

一是高校选派专业教师到新闻单位挂职锻炼。

为了提高新闻传播专业教师的教学水平,从2017年开始,贺州学院先后选派新闻系教师袁君煊、陶俊伟、刘安经等到贺州电视台挂职锻炼,提升新闻采访、写作、编辑、制作等新闻业务能力,积累新闻工作经验。通过学习锻炼,新闻传播专业教师能够迅速提高执教能力,更好地胜任教书育人的工作。

二是新闻单位选派编辑记者到高校授课。

新闻单位的编辑记者长期从事新闻传播工作,拥有新闻业务技能和新闻采编经验,是不容忽视的业界师资力量。为了提高新闻传播人才培养的质量,学校先后聘请了贺州电视台的隆群良、义庆峰、唐春兰和贺州日报社的郭勇娟等4名有着丰富经验的老师作为卓越新闻传播人才培养班的任课教师,他们每个学期至少承担一门课程的教学任务。

与专任教师相比,业界教师具有丰富的从业经验,并且掌握着行业的最新动态,能够加深学生对行业的了解。

(二)共同制订培养方案,打造高效卓越团队

科学有效地制订人才培养方案,就等于成功了一半。项目组在设计人才培养方案时,量身定制了"111511"专业培养方案:阅读100部与新闻传播相关的文化书籍(其中,精读20部);背诵100篇(首、段)经典作品(其中,熟背15篇新闻经典作品);观看100部(集、期)纪实类影视作品;写作50篇千字文;在主流媒体发表1万字新闻报道等纪实性作品;创作1部时长为15分钟的达到市级以上主流电视媒体播出要求的纪录片。值得一提的是,培养计划把写作一篇毕业论文改为创作一部时长15分钟的并在市级以上主流电视媒体播出的纪录片,学生达到这一要求方能毕业。正如湖南科技学院传播学院教授杨增和在2018年新时代纪录片教育与创作研讨会上所说,贺州学院主抓推进课程模块化教学改革,侧重"打好一个基础,突出一个专业,形成一个强项"的培养方案,构建了以纪录片创作为目标,知识能力、综合素质一体化的课程体系,目标和任务驱动非常明确。

(三)共同搭建实践平台,提高实践操作能力

实践是提高学生专业技能的有效途径,实训实习是学生必走的程序,也是让学生掌握更多技能和提高实践能力的主要方法之一。几年来,贺州电视台根据学生的不同特点,将其安排在新闻部、专题部、融媒部等部门实训实习,采取"一带一""手把手教"的培养方法,即从写作、拍摄到编辑等,都由一个老记者实行责任包干,直到学生熟练掌握为止,真正让学生成为一名名副其实的"记者"。而学生则在每天的学习和锻炼中,可以随时随地咨询和请教,这种"一带一""手把手教"的培养方法,也确实让他们的能力提高得很快。无论是文稿写作、图像拍摄、文稿图像的编辑,还是设备器材的熟练使用,整个实训实习下来,学生基本掌握了当一名电视记者所必须具备的知识和技能。

三、产教融合,推进应用型人才培养

贺州电视台从 2016 年开始尝试以开展实习实训为途径,以项目合作为载体,与贺州学院文化与传媒学院共同实施卓越新闻传播人才培养计划。

(一)产品转换成播出作品,加强对卓越人才能力的培养

卓越新闻班一个最显著的特点是实践互动性强。学生进入卓越新闻班以后,要写几千字的文稿、拍摄上百分钟的图像,还要加以配音、文字叠加、剪辑和编辑制作等程序,一时感到很迷茫,无从下手。了解到这一情况以后,贺州电视台有意识地安排一些新闻和专题作业给学生们练习手艺,尽量让他们的产品转换成播出作品,而学生们也很乐意把做好的新闻和专题作业送给贺州电视台播出。2016 年 12 月 30 日,电视台编辑为 2014 级卓越新闻班修改审定《醉美贺院》电视散文,并安排在贺州电视台《今日报道》栏目播出,首开卓越新闻班学生作品在地市级电视台播出的先河。卓越新闻班学子在尝到甜头后,也拉开了百花争艳、井喷式发表作品的帷幕。仅 2014 级卓越班大三的下学期,贺州电视台先后为学生修改审定《五一劳动节特辑:劳动是最美的绽放》《邓爱珍:不忘初心 不止于行》《潮起英家:记英家起义七十周年》《创业者李国香:坚定梦想 路在脚下》等一批电视新闻片和专题片,并相继安排在贺州电视台《贺州新闻》《今日报道》等栏目播出,受到学生们的好评。

正如 2018 年 12 月湖南工业大学文化与新闻学院教授郑坚在贺州学院举办的新时代纪录片教育与创作研讨会上所说,在硬件方面,贺州学院比不上 211 和一流平台高校,但在应用型人才培养方面进行了积极的探索,特别是与媒体的"深度合作,达标播出",产生了良好的效果。贺州学院卓越新闻传播人才培养计划,是一次打通了高校和业界,打通了理论和实践,打通了学习与就业,打通了教育与服务社会、

文化传承的新闻人才培养模式的创新。一是学生的作品得到批量制作和在市级电视台的批量播出,对于我们大学生来讲是少见的,特别是国内的本科生、研究生都没有做到这一点;二是注重应用型人才的培养,高校为地方服务。贺州学院与贺州电视台通过校媒合作项目,在贺州电视台播出了40多集大型历史纪录片。此外,还在《贺州发现》等栏目播出了人文纪录片5部,实现了从课堂到媒体、从阅读到动手、从高校人才培养到为社会服务的目标,实现了纪录片教育与创作中全流程、全方位的人才锻造。

(二)注重细节,让作品"活"起来

细节决定成败。一篇好的作品,除导向一定要正确之外,还需要细节的真实。学生送来的片子虽说整体向好,但难免有一些提法不够正确、细节方面存在差错或不够真实。面对许多作业作品,编辑不喊一声苦,不叫一声累,对文稿、图像、同期、字幕、配音等各个方面耐心细致地审阅。同时,对不够完善的作业作品,编辑尽最大可能进行提升。贺州电视台编辑在审阅《长寿老人的幸福生活》时,发现这部片子题材和图像都很不错,就是标题和结尾有些欠缺,就对此做了些修改和润色,把标题改为《解密百岁老人长寿密码》,并在结尾加了一段话对应主题,真正让作品"活"起来。2014级作者董文霞在给编辑发的微信中写道:"老师,《解密百岁老人长寿密码》的片子改得真好,特别是最后加的长寿密码那一段,起到了画龙点睛的作用!文稿方面改的地方我每句话都认真学习了,恰到好处!将我本身的片子提升了好几个层次!还选用了很多珍贵的素材,以后还请老师多多指点!"

(三)达标播出,成果丰硕

2017年4月,双方商定以"潇贺往事"为故事选题,一年创作一个系列,由贺州电视台抽调采编骨干力量,通过"传帮带"示范指导贺州学院卓越新闻传播人才培养班,按照"共同选题、统一时长、统一风格、参与教学、学生创作、教师指导、达标播出"的方式共同合作完成。

几年来,贺州电视台与贺州学院文化与传媒学院创新合作项目,定向培养纪录片拍摄制作人才,收到了良好的效果。从《潇贺往事之红色记忆》《潇贺往事之创业岁月》《潇贺往事之扶贫路上》系列的执行情况来看,卓越新闻传播人才培养班学生制作的39集(部)讲述式纪录片都较好地把握了节目的导向和内容的真实,达到了贺州电视台播出的质量要求。纪录片一经推出,社会各界反响强烈,2020年播出的《潇贺往事之扶贫路上》系列片全部被《央视频》采用,有的则被中央和广西的"学习强国"平台采用。

《潇贺往事之红色记忆》《潇贺往事之创业岁月》《潇贺往事之扶贫路上》大型历史文化系列纪录片的创作开播,为我市广电媒体创新宣传思路、讲好贺州故事进行了有益的探索,也为贺州学院紧扣社会需求培养新闻人才进一步指明了方向,更为深化台校共建工作和校媒项目合作积累了宝贵的经验。几年来,贺州电视台共为贺州学院新闻卓越班审稿及安排播出纪录片39部(集),专题及新闻110多条(集),有的节目还获得了各种奖项,有的学生直接被挖走,进入新闻媒体工作,实现了定向培养、批量就业的目标。

参考文献

[1]刘宝顺.中央电视台优秀论文集:首届专业论文评选获奖作品集[M].北京:北京广播出版社,2000.

〔隆群良,贺州学院卓越新闻传播人才培养计划兼职教师、主任编辑〕

地方高校转为应用技术型背景之下的人才培养*
——以广播电视编导专业为例

◎ 聂有兵

Nie Youbing

摘要: 地方本科院校培养应用型人才是一个热点问题。最近几年,地方本科院校新开设广播电视编导专业的较多。人才培养、办学条件、社会需求等方面之间的矛盾逐渐浮现——社会需求有限、学校办学条件有限、学生学习倦怠感突出。地方院校作为办学主体,针对以上问题,主要应从课程结构、教学等方面进行改革。改革内容包括专业课和公共课比例关系、技能与理论学习关系、全能型与专家型人才培养的关系等几方面。这种趋势引示了一种观点:地方本科院校电视编导专业人才培养必须有所舍弃,即就业目标取小舍大、教学内容取平衡舍偏颇、学生发展取个性舍中庸。

关键词: 地方本科院校;广播电视编导专业;人才培养

近年来,教育部不断强化并推动地方高校向"应用技术型"大学转型。这是一种新的挑战,具有中国特色。它既不同于职业教育,也不

---

* 本文原载于《大庆师范学院学报》2015年第1期第158~160页,收入本书时有改动。

同于高等专科教育,是适应我国国情的一种具有前瞻性的推动制度。同时,由于中央不断强调文化产业地位,文化传媒等相关事物勃兴一时,新名词层出不穷。反映到艺术教育上,体现为各地方高校纷纷上马新闻、传媒相关专业,其中广播电视编导专业也属于一例。此专业的快速发展固然有其社会需要——2013年底,在有关机构所做的毕业生起薪调查中,影视艺术技术类专业成为文科起薪最高的专业。[1]但由于此类专业(包括但不限于广播电视编导、影视广告等)存在的一些特殊性,一些问题也逐渐浮现。

一、地方院校广播电视编导专业普遍存在的问题

(一)学校层面

1.师资力量弱

客观上,由于地方院校的广播电视编导专业都较新,往年毕业生较少在高校就业,而且偏重技术的特征使得本专业高学历人才欠缺。大部分地方院校广播电视编导专业教师是从各个教研室抽调而来,真正属于本专业教学的人才稀少。

2.重理论,弱实践

广播电视编导专业既要求教师掌握较深厚的理论知识架构,又要求教师掌握一定的技术操作能力。这是因为电视新闻中涉及的很多核心课程,如电视演播、灯光照明等技术含量非常高,而大部分原来教其他课程的教师转型困难。

3.设备不足

电视新闻行业要求具备摄像机、电视转播设备、演播厅、轨道、摇臂、灯光、音响、非编软硬件等大量昂贵的设备。而多数地方高校资金来源有限,对这些动辄几十万上百万的设备无力承担,只有少数顶尖专业高校完全具备。

(二)社会层面

1.就业环境

体制内人员过剩,体制外大有可为。我国国情决定了广播电视编导专业对口就业为各地方政府主管下的电视台,虽然各地方电视台已经下降到县,但其能提供的工作岗位相对于毕业生人数来说仍是杯水车薪。与此形成强烈对比的,是社会需求迅猛。这种需求包括企业的需求,也体现在消费者对影视制作的终端需求上。

2.技术环境

新媒体发展迅猛,媒体环境日新月异,专业的影视软件、新闻软件更新迅速,竞争激烈。学生在学校里学习的软硬件技术,3~4年后就可能大半被取代,造成学用脱节。

3.地方环境

各地方城市文化相对大城市而言比较单一,可操作素材少,经济机遇少(实践转化为成果的机会少)。此外,由于各高校的实习一般都安排在暑假,因此地方电视台往往平时人手不足,一到暑假就人手过剩,无法真正进行指导。

(三)学生层面

1.文化分低,基础差

电视新闻、影视技术等专业的大部分学生是艺术类考生,文化基础相对较差。从笔者就学校不同专业的对比可以看出,艺术生上课打瞌睡、开小差的人明显多于非艺术生。

2.兴趣维持弱

笔者在教学中发现,学生们的专业兴趣在大一、大二十分强烈,但大三后迅速衰减。

3.对理论不感兴趣却又懒于实践

学生们对理论课的重要性认识不足,但平时也很少动手。

4.少数人有混日子、混文凭的心态

少数学生混文凭,学风懒散,对其他学生造成不良影响;也有学生对专业认识模糊,导致玩多于学,如误将课余看电影、看电视作为实践,缺乏专业目的,南辕北辙。

二、对地方高校广播电视编导类专业的思考和启示

针对前述问题与现象,即社会、学校、学生三个层面存在的问题而言,只能是学校服务社会需要,同时在学生需求和学校的能力之间取得平衡。学校无法直接影响社会,对学生的引导也只是辅助手段,学校只能通过改革人才培养方案、课程结构、教学方法来解决前述问题。而地方院校无论是软件资源还是硬件资源都相对匮乏,这就要求在此类专业的人才培养过程中有所取舍。

教育部提出,对新建本科高等院校进行改革,强化其服务区域经济社会发展的方向意识,促使地方院校向地方应用型大学转型。对于地方高校而言,人才培养的目标非常明确。但受限于各地经济发展的不平衡,以及大量的地方高校由原来的师范专科学校、各类职业技术学院转型而来,故而在人才培养模式上较为守旧。地方高校的广播电视编导专业多数是新设立的,套用传统课程的培养方案,很难实现既定的教学目标。对于广播电视编导专业而言,最主要的是实践技能培养,其特点决定了我们应充分考量在专业课程结构、培养思路方面的几个要点。

(一)专业课和公共课的比例之辨

应用型人才的培养应以专业知识为主,但当前的培养方案中,公共课的比例太大,以致专业性得不到凸显。以笔者所在学校为例,

2010级电视编导新闻方向学生的总学分为165,其中公共必修课43学分,占26%;专业必修课58学分、专业选修课38学分,合计占58%;其余为毕业实习等环节。表面上看专业必修课学分还是合适的,但由于前面所述问题,地方高校受师资所限无法在实践环节进行匹配,故此大部分专业课程中实践课时并不足够。反观公共必修课中的43学分,政治课就占了11学分,英语占16学分,重复度很大。公共必修课是由教育部统一规定,具有刚性,这就对广播电视编导这样的需要大量实践教学的专业提出了挑战。

(二)技能知识与理论知识的比例之辨

我国近年来一直强调地方院校应以教学为主,着重于应用型人才培养;省部级、中央级高校才以研究为主。从笔者所在学校的人才培养方案来看,近年的变化也是一直增加实践课时的比例。应该说培养应用型人才而非理论型人才,这一点是上下达成了共识的。问题在于,在电视新闻人才培养中理论知识和技能知识的比例应为多少?笔者简单调研后发现,各高校情况不同,技能知识多的占到50%,少的也有25%。就地方高校而言,人才培养方案的制订往往是由教研室集体进行的,按道理应根据培养目标操作,但现实中受到教师本身的知识结构和技能水平限制,教师容易根据自身水平制订人才培养方案,导致地方高校电视新闻专业理论课比例太大。

(三)全能型与专业型之辨

当前新媒体环境下,专业软件更新速度很快,以非编软件为例,以往 Adobe Premiere 一枝独秀,而现在大洋、Vegas、Canopus、Final Cut 等软件层出不穷。电视新闻专业学生本身就需要掌握大量技能,摄影、摄像、录音、灯光、音响等每一样都需要大量的练习才能熟悉掌握,在前述种种限制条件下,让学生全面发展很难。反观现在各电视台新闻部的人员,也并不需要样样精通,而是各司其职。

社会需要实践型人才,学生需要实践技能知识,学校却由于培养套路守旧、软硬件缺乏而选择偏重理论讲授,这是一个根本的矛盾。

澳大利亚政府澳大利亚学习与教育办公室资助卧龙岗大学、南澳大利亚大学和埃迪斯科文大学共同完成的一项研究"Graduate qualities and journalism curriculum renewal"即"毕业生质量与新闻课程革新",展现了澳大利亚新闻人才培养和课程改革的部分状况与观点。虽然其主要针对新闻学,但从广义的学科性质与专业的基本特点和技术特征来说,也可作为广播电视编导专业的参考。其中指出,在不同机构提供的新闻学课程中,实践型、理论型课程的种类和比例都有巨大差异,对于何种课程才是"理想的"新闻课程,在不同人群中的认识、在高等教育领域和业界之间的意见也差异甚大。报告最终认为,高等教育界和新闻业界之间应该更紧密地结合,以使新闻专业学生培养更符合实践需求。[2]

三、地方高校电视新闻类人才培养的"取"和"舍"

综上所述,地方高校培养电视新闻人才,应该根据院校所在区域经济特点和自身软硬件条件,打造特色,有所取舍,脚踏实地,切勿好高骛远,才能符合自身定位和用人单位要求,否则只能造成高不成低不就,向上竞争不过省部级、中央级高校,向下竞争不过职业技术院校的局面。

(一)对就业目标:取小舍大

地方高校培养电视新闻人才,由于受到种种主客观条件的限制,要形成"大而全""高大上"的局面显然不符合实际。笔者认为,地方高校培养电视新闻人才,应注重"接地气",面向"小地方",一是务必符合地方就业单位用人需求;二是务必符合学生就业的实用要求。

地方就业单位与一、二线大城市不同,由于能提供的发展环境、薪资有限,其并不要求毕业生的能力太突出,反而更重视毕业生"留得住、用得上",希望毕业生能稳定为其服务较长时间,是一种务实的人才观。

但是,部分学生的就业眼光偏高,往往希望去大城市发展,对于这部分需求,根据地方院校的实际,只能"有限满足"。也就是作为学校,应保障电视新闻专业的必备基础理论知识、写作能力、摄影摄像基础等,确保教师在这些核心课程中讲透、学生掌握。至于更具有"竞争力"的专业课程,可以引导学生自主学习。这样至少可以确保在较激烈的竞争环境(大城市)中,地方院校毕业生与中央级高校毕业生相比,专业基础平等。至于更具竞争力的知识,可以视为中央院校和地方院校投入—产出的合理差距。

另外,应进一步做好学生的思想工作,号召学生"下基层、看长远",让学生把就业眼光放在三线及以下城市,包括县城、乡镇的电视台、传媒公司、宣传企事业单位等,舍大城市,取小地方。这种思想转变需要长期努力,也需要社会环境的进一步转型。否则,从长远来讲,我国一、二线大城市和广大三线以下城市的人才差距难以抹平。

(二)对教学内容:取平衡舍偏颇

前面已经提到,地方院校在讲授广播电视编导实践课中存在师资力量不足导致理论课偏多、实践课偏少的问题。笔者认为地方院校在此问题上应采取平衡策略,即理论和实践并重。这一策略受到三方面因素的影响:师资力量、学生期待、社会要求。从师资来说,地方院校容易偏理论教学;学生期待更多实践;社会用人则要求理论和实践都具备,而且更偏向于初入职具备技能,长远发展有理论水平。这就需要我们针对社会和学生两方面的期待,讲授更偏向于技能性的知识,在教学方面舍理论,取实践。上述两方面结合起来,就是培养学生电视新闻的基础理论、基础技能,理论与实践两翼齐飞。

对于大学里的新闻专业培养,应偏重理论还是偏重实践,在国外的学界和业界也无定论。结合我国国情来看,虽然有向应用技术型转型的大背景,但如果完全忽视理论教学,则与职业技术教育无法区分。

对于转型中的教师分流问题,地方院校应采取奖惩措施,大力督促教师进行理论教学向实践教学的转型,如到电视台等实践性较强的实习基地进行进修和培训,对无法达到实践教学要求的教师实施待岗待业等政策。此外,地方政府应制定相应的人才引进政策,对广电类实践型人才放宽要求,提供更为优厚的待遇,方能解决这一矛盾。

(三)对学生发展:取个性舍中庸

当前广播电视编导专业的学生全部来源于艺术生,学生的个性相对而言较为突出。从历史上看,具备独特个性的人,往往能开创一片自我天地。这就要求学校和教师能"网开一面""不拘一格",对于一些确有才华、某些方面(不一定是专业方面)较为突出的学生,应给予鼓励和自由发展空间。我们的教育体制是否过于扼杀学生个性,这是一个长期以来存在争议的问题。笔者认为,对于艺术生这一特殊的学生群体,尤其要讲究对其艺术细胞的培养,突出其个性。这种个性不仅仅是个人的为人处世、性格性情,更多的是其选择未来道路的自主性。笔者所教的班级中,有一名北方学生,家长对其较为严格,该生希望离家长"远远的","和父母没什么可说的话"(该生原话),故其复读一年后,选择了南方的学校上学;他酷爱美国街头文化,爱玩滑板,穿着打扮都具有 Hip Hop 特征;烟瘾大,朋友不多又爱打抱不平,具有特立独行的个性;他在校上课时遇到感兴趣的内容听一听,不感兴趣就在课堂上睡觉甚至旷课。但他对专业富有热情,观察能力、自学能力、动手能力都很强,凭着对生活的观察和对身边真实事例的艺术改编,他所创作的一部微电影作品在我校第一次组织学生参加的某全国级别大赛上就夺得了最高奖一等奖。这名学生给我们的启示就是,对于编导专业这种实践性强的专业中个性化突出的学生而言,把他们束缚在校园里和课堂上,大大限制了他们的发展。这就要求我们在人才培养方案上体现出尊重学生本人的个性,引导而非强制。对于学生无伤大雅的一些言行举动、生活习惯,应予以包容。对于有所成就的学生,甚至应给予小小的"特权",如批准其请假从事与专业相关的实践活动等,以此促使学生热爱和追求自己的兴趣。如果要求学生"全面发展",结果往往是"千篇一律"的中庸化。

在人才培养上发展个性,要求我们从人才培养方案出发,打破现有的"班级"和"课程"限制,按照"工作室"和"项目"体制去进行教学。这样才能做到理论和实践相结合,学生学得感兴趣,教师教得有热情。

地方高校的广播电视编导专业,是近年来艺术招生规模扩大以及地方院校升本、国家大力宣扬文化产业等一系列宏观背景下的产物。作为专业教师,必须从"地方高校向应用技术型转型"的角度出发,有所取舍,进行符合教育规律和市场经济规律的改革,培养理论和实践俱备的个性突出的专业人才。笔者认为,地方高校在向"应用技术型"大学转型的过程中,也应该遵循以上原则。

注释

[1] 岳霞.读文科难做"土豪",当真?[N].长沙晚报,2013-12-20(A19).

[2] TANNER S, O'DONNELL M, GREEN K P, et al. Graduate qualities and journalism curriculum renewal: balancing tertiary expectations and industry needs in a changing environment [R]. Australia: Department of Education, Office for Learning and Teaching, 2014: 2-151.

〔聂有兵,贺州学院文化与传媒学院专任教师、副教授〕

"三链贯通"视域下校企协同育人的有效性评价策略研究*

◎ 黄桂明 莫字瑛 颜 越 祝 林
Huang Guiming Mo Ziying Yan Yue Zhu Lin

摘要：校企合作办学是我国地方本科院校转型发展、组织创新的成果之一，是推进产教深度融合、协同育人和新文科建设的重要举措。本文将从"三链（产业链、创新链和教育链）贯通"的视角出发，来分析当前地方本科院校校企协同育人的整体成效以及存在的问题，提出应从校企合作协同育人过程有效性、校企合作协同育人结果有效性和校企合作协同育人可持续发展有效性三个维度评价我国地方本科院校校企合作协同育人的有效性，为提升我国地方本科院校校企协同育人质量提供可资参考的理论指导。

关键词：三链贯通；协同育人；校企合作；有效性

一、引言

校企合作办学是我国高等教育在产业转型升级发展的背景下为促进地方本科院校转型发展、对人才进行分类培养的重大战略举措。

---

* 本文原载于《广西教育》2021年第27期第54～56页，收入本书时有改动。

高校、企业行业、政府部门等对该重大战略高度重视,积极响应国家的号召,大力推进转型发展,经过7年多的实践,取得了较好的成效。目前学术界对校企合作办学有效性从不同角度进行了评价,但尚未达成共识。本文将从产业链、创新链和教育链贯通的视角,在厘清产业链、创新链和教育链三者内在机理的基础上,从过程有效性、结果有效性和可持续发展有效性三个维度对地方本科院校校企协同育人的有效性进行研究。

二、地方本科院校校企协同育人的有效性

(一)有效性

有效性是指结论必然根据其前提预期结果而发生。从公共管理的角度来讲,有效性分为决策有效性、人员有效性、环境有效性等,是真正反映因管理主体的行为决策而产生效益的特性。也就是说,用正确的方法做正确的事,才是有效的。而"教育有效性"首次出现在美国著名的《科尔曼报告》(*Coleman report*,1966)中。通过这项报告,人们注意到了学生的家庭背景更能说明学生在学业成绩测试中的表现。这也推动了20世纪70年代中期学者们对其的进一步研究,获得了学校有效性的第一个结果,从而诞生了学校的有效性运动。清魁(Thanh Khöi)曾言,"如果教育是一个特定的行业,它必须像任何行业一样努力,以获得最高的收益率",通过寻求这种有效性的条件,教育有效性在最广泛的意义上被理解为不仅是教育的,而且是经济的、社会的和政治的。《现代汉语词典》定义"有效"为:能实现预期目的;有效果。

(二)校企协同育人的有效性

校企协同育人的有效性,是指校企双方签订合作办学协议后,严格按照协议的要求协同培养人才,经过一定合作时间后,校企合作办学的主要利益相关主体——学校、学生和企业在各方面所获得的发展

与进步。我们评价地方本科院校校企协同育人是否有效,不能单纯地按照既定的协议条款是否完成进行评价,而是需要从校企合作办学以后学生的专业技能和专业素养是否有所提高、效果是否明显,学校的学风提升是否显著,社会对学校办学质量的满意度是否有所提升等方面展开评价。因此,对地方本科院校校企协同育人有效性从程度上进行评价时,可以分为负效、无效、效果不显著、效果一般、效果显著。在汉语中,"有效"的反义词是"无效",事实上,"无效"这个词并不意味着真的就没有效果,而是校企协同育人的效果没有达到我们事先既定的目标而已。客观上来讲,任何校企合作都会产生一定的效果,只是程度不同。本文所要讨论的校企协同育人的有效性就是指地方本科院校与企业合作办学,实施协同育人一段时间后,学生在专业技能和专业素养上的提高可以达到预期的目标,能够满足相应产业的需求;学校通过与企业合作办学以后,校内的学风有所提升、教师的专业技能有所提高、校内校外教学与实习实训场所的软硬件设施有所改善、社会对学校办学的满意度有所提升,最终实现利益相关者的利益最大化。

三、产业链、创新链和教育链贯通的形态

2017年国务院办公厅印发《关于深化产教融合的若干意见》(以下简称《意见》),首次提出了产业链、创新链、教育链和人才链的概念,通过产业链、创新链和教育链的贯通促进我国高等教育产教深度融合。《意见》指出,深化产教融合,促进产业链、创新链、教育链有机衔接,是推动教育优先发展、人才引领发展、产业创新发展、经济高质量发展相互贯通、相互协同、相互促进和提升我国高等教育人才培养与社会需求契合度的重要举措。本文将对产业链、创新链、教育链两两融合所存在的利弊进行深入剖析,提出从产业链、创新链、教育链贯通的视角评价校企协同育人有效性,能有效促进产教深度融合并为其长效发展奠定理论基础。

(一)产业链和创新链贯通

产业链是经济学中的一个概念,指各个产业部门之间基于一定的技术经济关联,并依据特定的逻辑关系和时空布局关系客观形成的链条式关联关系形态;而创新链是指围绕某一个创新的核心主体,以满足市场需求为导向,通过知识创新活动将相关的创新参与主体连接起来,以实现知识的经济化过程与创新系统优化目标的功能链接结构模式。文中的产业链与创新链贯通是指高校、科研机构、行业企业等教学科研主体共同开展科学研发攻关工作,以提升科研成果的转化率。由于产业链与创新链中不同的利益相关者所扮演的角色有所不同,不同主体组合会产生不同的合作模式与效果。因此,大力提升产业链与创新链的贯通力度将成为推动我国创新驱动发展的直接动力,并能有效缓解我国科技成果转化率低的难题,为我国产业转型发展提供人才支撑。

(二)创新链和教育链贯通

创新链和教育链贯通是我国传统的高校办学理念,是指高校通过课堂授课,提升学生的专业基础理论知识,然后由教师带领学生走进实验室开展科学研究,培养学生的科研能力与创新能力。但是,随着我国产业转型发展对不同人才的能力需求发生了较大的变化,传统的人才培养模式已无法满足我国科技兴国、科技强国等战略需求。因此,2017年国务院办公厅印发《意见》,旨在推进我国高等教育转型与分类发展,以解决我国高校人才供给侧与产业需求侧错位失衡的难题。

(三)产业链和教育链贯通

产教融合是指高校与行业企业签订合作办学协议,校企双方严格按照共同创新办学思想和理念、共同设置专业、共同构建课程体系、共同开发教材、共同组建教学团队、共同建设实训基地、共同实施培养过程、共同评价培养质量的要求开展人才培养工作。在合作的过程中,校企双方应充分发挥各自的资源优势,优势互补,实现良性交互、共生共进,但在实际合作中由于缺乏配套的政策制度和合作管理机制,双方的效益得不到保障,普遍存在企业参与办学的积极性不高、产教融合停留在浅层次合作的现象,未能实现优势互补,严重制约了产教的深度融合。

(四)产业链、创新链和教育链贯通

产业链、创新链和教育链高度贯通将打破人才培养、科学研究与产业发展的边界,解决产业链与创新链、创新链与教育链、产业链与教育链之间的双链贯通所存在的难题,实现科研领域、教育领域和产业领域的有效结合,促进三者的共生共长。在此过程中,行业企业投入大量的资金、行业技术骨干、实习实训岗位和行业前沿技术与标准等,为高校培养应用型、复合型与创新型人才提供了强有力的支撑;科研机构、高校则充分发挥其科学研究和育人的优势,提升科学研究成果的产出与人才培养质量,有效支撑了产业转型与发展的战略规划。因此,制定地方本科院校校企协同育人有效性评价战略需要从"三链贯通"的视角出发。

四、校企协同育人的有效性评价策略

(一)校企协同育人过程有效性

过程有效性是指过程的符合性,主要是指目标达成的过程投入是否有效以及过程输出目标有没有达成。对于一个过程来讲,它要完成什么任务,达成什么目标,最初设计过程的时候,都会有明确的要求。这个过程开始运行之后,就要关注它产生的结果能否达成当初被赋予的任务和目标,执行得是否彻底。执行后目标达到了,这就是过程的有效性。如果执行彻底,达到的目标的质量高,有效性就高;否则就是不高。校企协同育人的过程质量决定了其最终结果,因此,对校企协同育人的有效性进行评价需要对其过程有效性进行综合评价。校企协同育人是一个长期过程,这个过程包含校企是否全程参与并共同完成各项既定的过程任务,如人才培养目标的制定、人才培养方案的制订、课程体系的构建、课堂教学与实习实训教学的开展、人才培养质量的考核、师资队伍的建设、学科专业的建设以及学校软硬件平台的搭建等。过程目标包括学生的专业能力、师资队伍的专业技能、学校的软硬件平台建设等达到了既定的目标。

(二)校企协同育人结果有效性

结果是过程的一种最终呈现方式。参与地方本科院校校企协同育人的主体包括高校、学生、政府、企业等利益相关者,校企协同育人的最终结果会直接或间接影响这些利益相关者的利益达成的。因此,评价地方本科院校校企协同育人有效性需要基于利益相关者理论,从产业链、创新链和教育链贯通的视角,构建科学合理的协同育人结果有效性评价体系,对学校综合办学能力、学生专业技能与专业素养以及创新能力、"双师双能"型师资队伍建设、学生服务地方经济发展能力、企业员工理论水平、企业科研开发与成果转化、企业直接获利等方面展开综合评价,为进一步提升校企协同育人的质量提供可资参考的理论及数据支撑。

(三)校企协同育人可持续发展有效性

校企协同育人是我国高等教育为适应产业转型发展对人才进行分类培养后衍生出的一种特殊的人才培养模式,其发展与传统办学模式一样,都是一个长期、系统的发展过程,不能立竿见影。因此,要保持校企协同育人的有效性,就是要保持校企合作的可持续发展,没有校企合作的可持续发展,校企协同育人有效性终将消失。

校企协同育人涉及学校与企业、学校与政府、政府与企业以及学生等多方利益相关者责权利的均衡,以及国家、地方政府、企业、学校之间的政策与机制本身的冲突。在多方利益均衡的基础上,以"利益相关者诉求充分表达、利益相关者收益均衡分配、利益相关者关系协调发展、利益相关者诉求有效保障"为原则,从产业链、创新链和教育链贯通的视角对校企合作办学可持续发展有效性进行科学合理的评价,是促进校企协同育人可持续发展的必要条件,同时也是提升校企协同育人质量的有力保障。

五、结语

地方本科院校校企协同育人是一个长期、系统、可持续发展的过程,因此,校企协同育人必须高度重视有效性评价。在厘清产业链、创新链和教育链三者相互渗透、贯通的优势基础上,以"利益相关者诉求充分表达、利益相关者收益均衡分配、利益相关者关系协调发展、利益相关者诉求有效保障"为原则,从过程有效性、结果有效性、可持续发展有效性三个维度构建地方本科院校校企协同育人有效性评价体系将有效提升我国高校的人才培养质量,促进产教融合迈上更高的台阶。

参考文献

[1]马里南.马里大学本科课程的有效性评价[D].石家庄:河北师范大学,2019.

[2]许细华,潘建华.试论我国职业教育校企合作有效性及其判断标准[J].职教论坛,2018(9):38-44.

[3]曹照洁.政校企"三位一体"协同育人模式现状与建构研究[J].四川理工学院学报(社会科学版),2019,34(2):73-84.

[4]赵慧勤,陈晓慧.产教融合理念下应用型本科院校多元协同育人模式研究:以山西大同大学数字媒体技术专业为例[J].教育理论与实践,2018(36):6-8.

[5]唐乘花,朱艳琳,劳欣哲."双向协同、三链融合"传媒类专业课程思政理念与模式的构建[J].湖南大众传媒职业技术学院学报,2020,20(4):85-89.

[6]李忠红,胡文龙.基于三链融合的理工科高校组织变革研究[J].高等工程教育研究,2018(6):71-77.

[7]胡文龙.论产业学院组织制度创新的逻辑:三链融合的视角[J].高等工程教育研究,2018(3):13-17.

〔黄桂明,贺州学院文化与传媒学院专任教师、在读博士,高级工程师;颜越,贺州学院文化与传媒学院专任教师〕

重大疫情下在线课程质量保障体系建设探讨*

◎ 黄桂明
Huang Guiming

2020年1月23日,正值我国春节,新型冠状肺炎疫情在武汉暴发并快速向全国蔓延,全国各省市陆续启动了重大突发公共卫生事件预警,这对高校的正常开学和课堂教学造成了严重影响。针对该情况,教育部于2020年2月4日出台《教育部应对新型冠状病毒感染肺炎疫情工作领导小组办公室关于在疫情防控期间做好普通高等学校在线教学组织与管理工作的指导意见》,明确指出,采取政府主导、高校主体、社会参与的方式,共同实施并保障高校在疫情防控期间的在线教学。各高校应充分利用上线的慕课和省、校两级优质在线课程教学资源,在慕课平台和实验资源平台服务的支持带动下,依托各级各类在线课程平台、校内网络学习空间等,积极开展线上授课和线上学习等在线教学活动,保证疫情防控期间的教学进度和教学质量,实现"停课不停教、停课不停学"。目前全国各高校都开启了"在家上学"模式,这对维持正常的教学秩序具有重要的意义,但也对教师、学生和家长提出了新的挑战。如何避免"翻车"现象的出现及保障教学质量也是

---

* 本文原载于《广西教育》2020年第43期第108~110页,收入本书时有改动。

亟须解决的难题。

课程质量保障是高等教育质量保障的重要组成部分,是构成高等教育质量的重要环节。课程是教学的基本单元,课程质量保障往往并不是独立存在的,而是包含于教学之中。因此,在线课程的实施过程中,应该从立德树人的指导思想出发,遵循教师教学的规律、学生学习的规律,构建服务于"全过程育人、全方位育人"的课程质量保障体系。在改革学习方式时,应参考传统授课模式,要了解在线课程的特点,把握好在线课程的优势与积累的有效经验并将两者有效结合,确保在线课程的质量,这恰恰是课程质量保障体系的根本意义所在。

一、输入环节的质量控制

无论是传统教学模式,还是"在家上学"模式,教师在课程质量保障中都是不可或缺的一环。教师的专业素养、对在线学习的认识以及对现代教育技术的掌握程度都会对课程质量造成影响。除此之外,学习平台的智能化、网络传输的速度以及合理错峰排课也是保障在线课程质量应考虑的重要因素。

(一)有效做好教师的培训工作

教师对信息技术的熟悉程度、对"在家上学"模式理解的明晰度决定了"在家上学"能否顺利开展。为了确保在线课程的顺利开展,确保重大疫情期间教学进度不受影响,首先,需对教师加强信息技术培训,让教师充分了解在线课程的优缺点,熟练掌握各大常用在线课程平台的功能使用,如直播、在线互动、收发批改作业、数据统计等,有效掌握处理在线教学过程当中可能遇到的问题的方法,将线下课堂的经验与线上课堂相结合,发挥一线教师的经验优势。其次,加强教师对不同优质网络课程的整合与运用能力,让线上课堂充分展现新时代教育方式的优势,把握重大疫情期间全民参与线上课堂的时机,在实践中不断改进融合新教育形式。教师可以根据本班学生的特点,因材施教,选择适合本班学生的课程资源并制订科学合理的学习方案,提高在线学习的实效性。

(二)优化课程内容,提高学习的实效性

"在家上学"模式是在特殊时期,高等学校响应国家号召,为防止教学断档而采取的"特殊手段"。重大疫情带来的思考不应只局限于如何度过当下时期,而是一旦有长期的、难以控制的重大突发公共事件发生时,是否可以通过此次重大疫情期间累积的经验,无缝转换教育方式。因此,有针对性地进行课程内容创新就显得尤为重要。众所周知,与传统学习方式相比,线上教学模式虽然有成本低、可重复、多手段等特点,但在互联网的高速发展环境下,线上课堂却未能取代传统教学模式,低实效性是重要原因之一。

科学合理地整合线上优质课程资源,优化课程内容,提高实效性,把"在家上学"打造成第二种教学方案。学生水平有参差,接受能力有强弱,教师在制定在线教学课程时,应全面考虑学生的综合情况,制定更加科学合理的教学内容,通过分步骤、分层次的课程内容,让不同接受能力的学生可以自行选择学习重点。同时,也可以增加"开放式导学"等模式的应用,营造开放的、互动的、有导学性的学习环境,这种新型教学环境与学生过往接受的面授教育具有较高相似度,能使学生更快地适应,展开有效交流和学习。

(三)硬件保障,排课合理化

软、硬件环境共抓,双管齐下,实现"在家上学"教学质量全面提升。在爆发公共突发事件这一特殊时期提出的"在家上学"模式与以往线上课程的最大不同,就在于"在家上学"模式强调的常规性与日常性。以往线上课程通常提倡利用碎片化时间学习,不拘泥于时间与空间,但此举的局限性也因此得以体现:系统性较差,连贯性不足,质量得不到保障。"在家上学"模式不是作为传统课堂的补充而存在,而是要在传统课堂之外,打造一个随时可以应用的第二教学模式,两种教学模式可以依据环境需要随时切换。因此,"在家上学"模式亟须解决两大问题:硬性保障与软性保障。

硬性保障即硬件保障,能够促进在线课程的落实。随着通信技术的发展,在线传输速度快速提高,通信设备飞速普及,使视频课程与在线授课成为可能。硬性条件的发展催生了一系列网课平台的诞生,既有以碎片化学习为主要方向的短平快录播课程,也有以系统性学习为主要方向的直播课程,二者共同构成了线上教育模式的发展核心。5G时代的来临,是通信技术的又一次革命,也势必带来线上教育平台的进一步发展。如何抓住机遇,依靠重大疫情期间"在家上学"模式积累的经验,基于最终实现不以时间、空间等形式局限教育的目的,实现线上教育平台有目标、有方向、有规划地发展。

软性保障即排课周期保障,与硬性保障相辅相成。录播课程可以保障课程的连贯性与完整性,但无法替代传统课程的实时交流;在线授课可以实现实时交互,但对即时数据传输速度与学习环境有较高要求。只有合理安排排课周期,通过错峰排课、先学后问、开设集中探讨课程等方式,综合二者优势,形成系统的线上教学模式,才能保障"在家上学"模式的切实可行。

二、过程环节的质量控制

课程实施是整个课程质量生成的重要环节,对整个过程进行监控是课程质量得以保障的重要举措。过程环节质量主要由教育主体、教学内容和教育中介这三个要素决定,这三个要素相互影响、相互制约、相辅相成。鉴于"在家上学"模式的学习场域的特殊性,对学习过程的监控成为关键。

(一)建立"在家上学"管理制度

建立管理制度是规范"在家上学"模式的重要举措。"在家上学"模式不仅能够尽可能减轻重大疫情对教学进度的影响,还可以通过大规模的应用数据样本,对线上教学等模式查漏补缺,促进其体系化、制度化发展,形成一套全新的教学模式,对缩小城际、城乡教育水平差距也有较大意义。因此,紧抓重大疫情期间的"在家上学"模式机遇,制定严密的在线课堂教学指导与教学运行机制是加强在线课堂教学工作的重要措施。"在家上学"不意味着宽松,为了保证教学质量,提升教学实效,"在家上学"同样应遵循相应的规章制度。

"在家上学"的规章制度不仅要提前规避线上课堂可能遇到的纪律问题,更应在备课阶段通过制度将"在家上学"与传统教学进行区分,从源头保证教育的因"方式"施教,同时也应建立完善的课后制度,充分利用线上平台的优势,改变传统教育中单一的教学质量反馈方式。同时,制度的建立,也可以很好地解决部分家长因不善操作现代化通信设备,而难以适应"在家上学"模式的问题。通过流程化细分操作步骤,降低培训与实操难度,让更多家长能够成为教育的关键一环。

(二)过程科学、合理、规范化

科学、合理、规范化的教学过程是"在家上学"模式成功的关键。通过对多平台线上教学内容与课程质量评价的对比可以发现,根据教学大纲规定与教学目标要求,对课程知识内容进行模块区分的教学模式,可以取得更好的效果。

1.教学准备阶段

教学过程的准备阶段是教学成败的重要环节。在教学活动开展的准备阶段,根据当前教学模块的知识内容布置课前任务,有针对性地提出需要学生掌握的问题,让学生通过在线平台中的优质资源进行自主学习,完成关键问题的知识积累,同时教师保证在线时长,方便学生进行疑难点咨询。对线上免费网络资源的充分利用,可以解决学生在学习过程中的大部分问题,同时可以减轻教师的教学负担,将耗时耗力的基础教学工作分流至学生自主学习,提升线上课堂交互利用率,也为学生的多层次发展提供了可能。

2.线上课堂

线上课堂的教学过程是教师与学生、教与学组成的双边活动过程,是实现教学目标的核心。在学生完成课前自主学习准备后,线上课堂定时开展。教师对准备阶段提出的各项任务进行统一检查,并进一步提出课堂任务,讲解课堂任务的具体要求,随后根据课堂人数进行分组,借助现代化平台工具,保证各小组讨论质量,让学生通过探究合作,完成课堂任务。在学生探究过程中,教师应对学生的讨论内容进行实时监控,把控学生讨论进度,在讨论方向上进行有力指引,在疑难问题上进行及时指导,把控课堂任务完成时间,提高课堂利用率。当课堂任务完成后,教师组织学生进行课堂任务成果的统一展示与评比。成果的统一展示环节,可以激励学生更好地完成课前准备与课堂实训;小组形式的课堂任务,可以促进学生之间的沟通学习,也更利于学生自由发挥所长;评比环节则可以有效提升学生的成就感与归属感,并在与其他小组任务成果的对比中集思广益,查漏补缺,实现全面发展。

3.课后提升

课后的提升,是分层次教学的重点。教师依据线上课堂教学任务的完成结果,对学生的课后作业进行有效区分。为基础薄弱的学生分析短板,引导学生通过对课前任务的进一步复习,提升知识记忆度,扎实基本功;为课前任务完成度好但课堂提升任务不尽如人意的学生制定回顾流程,让学生在逐步深入的过程中发现关键知识点,完成知识的融会贯通;为表现优异的学生布置实践应用任务,使学生通过参与实践升华知识,达成知识迁移目的。

三、输出环节的质量控制

输出环节是课程质量生成的最后环节。学生评教既是教学质量评测的重要指标,也是影响输出环节质量的主要因素,课程的综合评价是课程质量的直接体现。因此,规划有纵深、有指向的评教系统,制定科学、合理的课程评价考核体系显得尤为重要。

(一)学生评教

学生评教是教学质量评测的重要指标。学生评教既是学生作为教学主体的体现,也是对教师教学的约束和激励,为灵活运用教学模式,深化教育改革提供了有效建议。就"在家上学"模式而言,教学质量的评测不应局限于传统课堂的评测方式,学生评教系统的引入有其必然性。通过学生评教系统,可以获取广泛的数据样本,为新教学模式的发展提供方向,吸纳学生的合理性要求或建议,真正发挥学生在教育教学体系中的主体功能,实现教学质量的提升。

创新指向性的评教系统,能够促进"在家上学"模式的良性发展。新教学模式下的学生评教,应更侧重于对教学形式的考量。当下的线上教育平台在学生评教系统上的规划趋于扁平,无法深入了解学生的具体需求,通过规划有纵深、有指向的评教系统,让学生对交互能力、教学模式、内容传授质量等方面进行打分,实现对学生学习心态、学习行为的全方位考量;通过有针对性的改革措施,充分调动学生的学习积极性,更有利于"在家上学"模式的良性发展。

(二)课程的综合评价考核

课程的综合评价是课程质量的直接体现。在教育课程体系中,评估是评价学习效果并保证课程质量的重要方法,"在家上学"模式下的在线教育体系,不同于传统教育长时间的积累改革,也不同于以往线上教学作为传统教学辅助的模式,更重视评估的作用。无论是"在家上学"模式,还是以往线上教育模式或线下教学模式,都具有以学习者为体系中心、课程结构化明显和以获取知识为设计核心的特点。基于这些特点,"在家上学"模式的课程综合评价考核与传统教育模式必然有所不同。

科学合理的课程综合评价体系可以促进"在家上学"的教学质量。在评估过程中，除了满足传统课程标准，"在家上学"模式下的线上教育更应重视对学习效果的量化评估及数据分析。通过对接受性、完成度、专业性等方面的评判，综合学生测试、考查、应用等方面的成绩，评定学生在该阶段学习任务的完成情况和知识迁移情况。通过对评估结果的数据分析，将课程质量的评估化线为点，降低改革难度，提升改革精度。线上教育的评估系统相较于传统教育有着更灵活的优势，在线教育起点较高的欧美发达国家中，"电子档案袋"的应用是区别在线教育评估体系与传统课程评估体系的重要标志。传统评估体系中，评估方式的限制导致评估结果向"分数化"倾斜，不能满足多样化评估的需求，"电子档案袋"则可以有效解决这一问题。在已有的"电子档案袋"体系应用中，学生可以将课程外的资料搜集过程与学习经历纳入评估体系，更有利于教师对学生学习情况的判断，通过精准的大数据算法，分析学生的"电子档案袋"，因材施教，精准推荐学习资料，使学生能够更好地获取知识。

四、结论

综上所述，重大疫情期间催生的"在家上学"模式是高等教育面临的挑战，也是重要机遇，各大高校有理由也有必要结合当前的在线教育模式与重大疫情期间催生的"在家上学"模式，深入探索在线教育的发展方式，通过制订在线学习计划、开展在线课堂教案设计、组织线上教学活动等完善"在家上学"模式的内容设计，让"在家上学"模式与传统授课模式同频共振、共同蓬勃发展，实现我国高等教育模式的新时代蜕变。

参考文献

[1]缪文龙.大学在线课程质量保障体系构建研究[D].上海:华东师范大学,2015.

[2]施良方.课程理论:课程的基础、原理与问题[M].北京:教育科学出版社,1996.

[3]贺祖斌.高等教育大众化与质量保障:高等学校教学质量保障体系的建构与实践[M].桂林:广西师范大学出版社,2004.

[4]许晓东,赵幸."双一流"建设背景下我国高等教育质量保障的反思与重构[J].高等教育研究,2018,39(9):24-29.

[5]郭文革,陈丽,陈庚.互联网基因与新、旧网络教育:从MOOC谈起[J].北京大学教育评论,2013,11(4):173-184.

[6]梁苏.在线教育的"开放式导学"应用[J].教学与管理,2015(36):101-103.

[7]王建明,陈仕品.基于线上课程和工作室制度的混合式教学实践研究[J].中国电化教育,2018(3):107-114,139.

[8]彭莹,徐伟,洪彬.浅谈在线教育课程质量评估体系建设[J].考试周刊,2019(5):29.

〔黄桂明,贺州学院文化与传媒学院专任教师、在读博士,高级工程师〕

试析专业实践和创业体验相融合的新闻人才培养新路径*

◎ 吴 翟

Wu Di

摘要：在全媒体迅猛发展的新形势下,基于"复合应用型人才"培养目标,探究全媒体时代专业实践和创业体验融为一体的新闻人才创新培养模式和路径,有着重要的现实意义和实用价值。为此,要形成全媒体采编技能和现代全媒体运营能力,构建课堂教学、实践演练、创业体验融为一体的全媒体时代新闻人才创新培养模式。

关键词：全媒体；新闻人才；专业实践；创业体验

今天,全媒体已经成为传媒业发展的主流趋势,这不仅对新闻从业人员的素质提出了更高的要求,更使得新闻专业的人才培养方式发生了巨大的变化。人才培养是"互联网+"时代全媒体背景下新闻教育的核心问题。当下,新闻教育培养什么样的人才,如何培养人才,已成为摆在高等学校新闻与传播专业教师面前的严峻课题。

---

* 本文原载于《新闻研究导刊》2017年第18期第297~280页,收入本书时有改动。

一、全媒体背景下人才培养的新目标

从新闻专业培养人才的理念出发,新闻教育培养的人才应具备"服务为民的价值取向,良好高尚的道德情操,战略长远的国际视野,扎实深厚的专业知识"。在多种现代传媒手段交互出现且各领风骚的全媒体信息时代,新闻教育应与现代互联网传播技术整合起来,以培养更高层次、更高质量的现代新闻人才,即专业创业型复合新闻人才。所谓专业创业型复合新闻人才,其内涵是,在通识教育理念指导下所培养的新闻传播人才,除具有新闻学专业素养、知识和能力之外,还具有从事某一新媒体领域的新闻工作的能力和水平,同时精通现代互联网传播方式并具备就业与创业的能力。专业创业型复合新闻人才的培养模式,就是新闻"专业 + 创业",即结合网络与新媒体、新闻学、影视编导专业教育教学的实际,使学生既具有扎实的专业知识和全媒体素养,又具备较高的调查研究和采访技能与表达能力,能胜任不同媒体的新闻采、编、写工作,并且具备较强的创新能力和自我创业能力。

专业创业型复合新闻人才培养理念有其理论依据。

首先,专业实践和创业体验相融合的新闻人才培养新模式,将使我国"泛"新闻专业毕业生更加适应"专业化"人才市场的需求。全媒体时代,新闻传播手段日益多样化,纸质媒体、电视媒体的昔日风光早已被异军突起的互联网媒体取代,百度、搜狐、新浪等互联网媒体已经成为我国数字文化产业的重要支柱,包括美国在内的各国新闻行业发展的普遍趋势,就是人才市场细分化,促使媒体朝着更加专业化的方向转变。更加专业化的媒体企业需要更具专业特长的通才式的新闻人才,才能摆脱千人一面的同质化倾向,而呈现愈加鲜明的专业化特色。这一新的客观趋势对全国高校新闻办学专业的启发,就是必须坚持办学方式专业化原则,才能避免趋同化竞争造成的资源浪费。当下,新闻人才既要通晓新闻行业的基本运作规律,也要熟练掌握应用

各种形式的新媒体,才能充分发挥全媒体信息传播的新特点、新优势。

其次,从专业实践到创业体验的新闻人才培养将使"泛"新闻专业毕业生的创新创业能力不断增强。由于大学扩招政策以及世界经济危机的爆发,大学生的就业形势日益严峻,我国的新闻媒体从业人员的数量开始出现饱和的趋势,新闻专业应往届毕业生的工作机会也日益稀缺。对于国家和社会而言,创业才是促进经济增长和社会发展的决定力量。对于大学而言,通过加强创业教育、培养创业精神、坚定创业信念、增强创业能力,鼓励大学生到基层积极创业,无疑是解决大学生就业问题乃至全社会就业问题的根本途径。如果继续沿用以往的人才培养目标和模式,学生将以就业为导向,教育教学活动将适应用人单位的需求,但在就业形势日益严峻的情况下,必须将新闻人才教育的"就业需求导向"转向"创业人才导向"才能适应社会环境的变迁。据统计,当前懂得媒体经营管理的人才占媒体从业人员的比例不到1%,可以说经营型新闻人才更加可贵和稀缺。因此,除专业实践能力,高校要更加注重培养、增强学生的创新创业能力。全媒体时代新闻人才的创业能力,包括对受众需求的准确判断、对市场的敏锐感知、对行业管理的深刻把握以及对商业模式的创新能力。"一名优秀的媒体经营管理人才必须是一位传媒职业经理人。发行人、总经理、总编辑、内容总监、发行总监、广告总监、生产总监、人力资源总监等均可称为媒体职业经理人。"创新型的新闻人才既能在新闻传播领域引领舆论和社会思潮,也能遵循新闻经济学的特殊规律,实现传媒经济效益和社会效益的最大化。

最后,对当下的新闻专业人才培养的现实状况分析可知,当前,新闻专业人才培养中还存在重理论讲授、轻实践演练,重课堂灌输、轻动手能力,重传统媒体讲解、对全媒体各组成形式介绍不够,重视就业指导、轻视增强创业实践能力等问题。新闻人才培养难以满足社会日新月异的发展需要。为改变以往新闻人才培养与社会需求脱节、落后于新闻实践的被动局面,就要把握媒体业态发展的趋势,对现有的新闻人才培养的传统模式予以革新,唯有如此,才能"及早为满足多媒介的进一步融合需要储备全能型、复合型的新闻人才"。

二、全媒体背景下新闻人才培养的新模式

"专业＋创业"复合型全媒体人才培养的关键,是新闻教育模式的改革以及创新的课程体系、实训体系和创业支撑体系。课程体系新设计需要结合新闻院系现有课程开设状况,推陈出新,设计开设与"互联网＋"时代相契合的新课程。在实训体系设计环节,需构建校内校外相结合、课内课外相联系、网上网下相呼应的新闻能力培训体系,充分利用现有的官方网站、记者团、公众号等阵地,以及计划建立的多个创业实训平台,实现产教高度融合,以增强学生理论联系实际的学以致用的能力,切实增强学生全媒体采编技能和现代全媒体运营能力,构建课堂教学、实践演练、创业体验综合一体的全媒体时代新闻人才创新培养模式。

(一)确立分层次因材施教的人才培养体系

承认学生的个体差异性,"新闻＋专业＋创业"的人才培养目标是全媒体时代新闻人才培养的最高诉求,但并非所有学生都能真正成为专业创业型复合人才,因此教学中应更加注重因材施教,针对每个学生的个性特长制订带有个体特色的培养方案,形成合格型新闻从业者、精英型新闻从业者、全媒体单一型人才、全媒体综合型人才、专家型媒体人才以及全能型复合型媒体人才的梯度培养计划,只有这样才能不断满足社会发展对新闻人才的新需求。

(二)构建培养全媒体新闻人才的四大体系

在课程体系上,打破原有的专业壁垒,构建全媒体课程体系,在传统的新闻采访与新闻写作内容等常规课堂教学之外,增设大数据、信息图设计、可视化编程、数据新闻、融合报道等方面的全媒体选修课,作为课程内容的有机补充;在实训体系上,创建全媒体实训平台,切实提高学生全媒体采编技能;在支撑体系上,整合多方资源,打造一支既有全媒体专业素养,又具创新创业人才培养经验的"跨媒体、跨专业、跨学科"的高素质"双师型"教师队伍;在创业体系上,通过"文化与传媒学院全媒体制作中心""平面媒体创意制作室""影像媒体创意制作室""微电影制作中心"等创业实训平台的构建,为学生提供增强创业能力的实际演练平台。

(三)实践体系改革

构建以记者团、官方网站、公众号为核心载体的实践基地,扩大现有记者团、官方网站、公众号的人员规模与容量,力争使100%的网络与新媒体专业和50%的影视编导专业的学生,能够在实际新闻采编的实训中增强能力,使其尽快适应新媒体采写对记者编辑多维度的动态要求。利用现有硬件设备和手段,增强学生的新闻采编能力、策划能力,同时加大力度为学生创设形式多样的新闻专业实践活动,在部分专业采取课程置换、全程行业导师培养等方式,进行全面人才培养模式的改革。

(四)创业体验改革

尝试成立按企业化运作的"文化与传媒学院全媒体制作中心""平面媒体创意制作室""影像媒体创意制作室""微电影制作中心"等创业实训平台,提高学生作为全媒体时代经营管理人才的技术理解能力、市场触角的敏锐度、商业模式的创新能力,通过系统、科学、有效地实施创业教育,使学生全面了解创业的常识、基本技能及相关体验,认识各种职业群体的基本要求,培养良好的新闻创业意识和创业精神。

三、专业实践与创业体验融为一体

新闻人才培养的关键在于专业创业型复合新闻人才的培养,改变传统的被动适应就业市场需求的人才培养模式,以创新创业为目标,实现从专业实践到创业体验的有序衔接,是全媒体时期新闻人才培养模式能否成功的关键。

首先,专业实践需要转化为创业能力,才能为社会提供更多的就业岗位。新闻专业学生的实践能力是决定学生能否胜任新闻记者相关工作的前提条件,没有专业实践能力,学生就无法从事新闻工作。因此,各新闻院系的新闻教育从业者要特别注重培养学生的文化基础知识和专业知识,使学生具备较高的业务水平及调查研究和社会工作的能力,优良的口头与文字表达能力,娴熟的采访、写作、编辑、摄影摄像及节目制作等新闻业务能力,较强的网络采编、设计与制作能力,具备企业形象策划、广告策划、制作等技能。上述新闻从业人员的职业技能是未来从事相关工作的基本要求,但是在就业形势越来越严峻的当下,与其消极等待有限的就业岗位,不如在学生具备专业实践能力的基础上创造新的新闻从业岗位。与等待就业相比,自我创业既可以将大学生的理论知识与社会实践紧密结合,充分展现个人的才华和能力,从而真正实现自己的人生价值,还可以通过自己的创业活动帮助和带动越来越多的人实现就业,从根本上缓解我国目前的就业压力。基于当下创业环境尚不完善的客观事实,奢求每个大学生都去自主创业且创业成功是不现实的,但只要有万分之一的人创业成功,带动一大批大学生顺利就业是毫无问题的。

其次,新闻专业实践能力要想转化为创业能力,还需要多种创业体验作为中介和桥梁。新闻学专业大学生的创业实践性教学手段,包括案例分析,商业计划撰写,参加创业计划大赛,实习、兼职,尝试在创业孵化基地创办企业,尝试申请注册登记、申请专利、试办著作权登记等,还可以通过角色代入、情景模拟,比如创建电子商务网站等操作具体的创业项目来体会创业的历程,从而在实践演练中提高自己的创业能力和水平。此外,还要结合专业的特点积极创建"全媒体制作中心""平面媒体创意制作室""影像媒体创意制作室""微电影制作中心"等创业实训平台,为学生提供增强创业能力的实际演练平台。作为新闻教育者,还要积极鼓励学生申请进入大学生创新创业孵化基地,运用自己的知识、技能和才华初步尝试创立公司、参与媒体运营,从而展现创业创新能力,这也不失为一项很好的选择。

〔吴翟,贺州学院文化与传媒学院专任教师〕

新闻传播研究

新闻专业通识教育探索与实践
　　——以"贺州学院卓越新闻传播人才培养计划"为例　　刘称心　伍晨阳
浅谈新闻学专业的实训模式改革与探索
　　——以"贺州学院卓越新闻传播人才培养计划"为例　　伍晨阳
融媒体时代下电视记者的素养提升　　许洪杰
网络时代下传统纸媒编辑的转型　　许洪杰
网络媒体黄色新闻内容分析：利弊与救赎　　肖　军
浅析党报在新形势下的发展　　肖　军
新媒体时代的舆论监督引导　　肖　军
女性新闻发言人与中国国家形象的国际传播研究　　肖　军
从《传奇故事》看农村受众的媒介接触心理　　肖　军
大学生的媒介接触习惯探究
　　——以《传奇故事》为例　　肖　军
沉浸式新闻：虚拟现实浪潮下的新闻报道方式革命　　聂有兵

新闻专业通识教育探索与实践*
——以"贺州学院卓越新闻传播人才培养计划"为例

◎ 刘称心　　伍晨阳
　Liu Chenxin　Wu Chenyang

摘要：教育部、中共中央宣传部在《关于提高高校新闻传播人才培养能力实施卓越新闻传播人才教育培养计划2.0的意见》中,明确提出了"培养一大批具有家国情怀、国际视野的高素质全媒化复合型专家型新闻传播后备人才"的总体思路。其中,对"家国情怀""国际视野""复合型"的要求,非"通识"不足以解题。加强新闻专业通识教育,分析当前存在的问题,将有助于探索新闻专业进行有效通识教育的思路和方法。

关键词：新闻专业;通识教育;人才培养

一、加强新闻专业通识教育的必要性

通识教育,即 general education,也称"一般教育",是相对于 special education(一般译作"专业教育",更准确地讲,宜译作"专精型教育")而言的。后者强调知识的专、精,前者强调的则是知识的博、

---

* 本文原载于《贺州学院学报》2019年第4期第140～144页,收入本书时有改动。

雅。新闻专业通识教育,是在新闻技巧、技术类核心课程之外,根据本专业所需能力而进行的其他素养类教育,包括文学、历史学、哲学、政治学、经济学、法学、逻辑学等等,旨在培养学生健全、独立的人格,正确的世界观、人生观和价值观,出色的社会活动能力,缜密的逻辑思维和对事物准确的判断能力。

(一)记者的通识素养关系到能否做好舆论引导

早在19世纪末20世纪初,著名报人梁启超就提出了报纸具有"建舆论、启民智"的功能;毛泽东在谈到新闻工作时曾指出"掌握思想领导是掌握一切领导的第一位";习近平在2018年全国宣传思想工作会议上强调了要"把握正确舆论导向",他们都充分肯定了媒体的舆论引导职能。"启""领导""导向",明确了记者在社会发展中应起先锋引领作用。而"社会"又是个广而博的概念,可谓包罗万象,涉及各种领域。因此,在这个广而博的语境下,要做好社会舆论的引导,记者就必须同时具备较高的政治素养、道德水平和学识水平,并具体体现为,在政治学、社会学、自然科学等方方面面都应具备高于普通大众的知识水平,这正是通识教育的培养目标。如果记者仅仅满足于做好技术,而忽略通识素养的培养,在实际工作中就可能出现新闻失实、政治方向错误等问题,将直接或间接影响舆论引导效果,甚至产生负面舆论。例如,近年频繁出现转基因食品报道,一些新闻工作者缺乏生物学、遗传学知识,制造出了转基因序列会通过食物整合进动物基因的虚假信息。2010年9月21日,《国际先驱导报》就曾报道称"山西、吉林等地区种植'先玉335'玉米导致老鼠减少、母猪流产等异常现象"[1]。事后调查证明,该报道是记者根据现象进行人为猜测和推理,给非转基因品种"先玉335"主观贴上转基因标签。该报道在普通民众中引起恐慌,也对其他正常的农业研究产生了较大的负面舆论影响。

(二)通识教育是培养复合型新闻人才的关键

教育部、中共中央宣传部在《关于提高高校新闻传播人才培养能力实施卓越新闻传播人才教育培养计划2.0的意见》中,明确提出了培养"复合型"新闻传播人才的总体思路。要达到这一培养要求,首先应厘清何谓"复合型"新闻传播人才。笔者认为,复合型新闻传播人才,应是在具备基本的新闻专业技术的基础上,能将其他相关学科知识进行"有机整合与利用",并使其服务于新闻业务,达到"1+1＞2"效果的专业人才。

在实际操作中,部分高校却将其理解为"具备多项专业技能,能胜任多个专业技术岗位",即强调多项专业技术的简单叠加。例如,某高校在其新闻学专业人才培养方案中,将其培养目标表述为"掌握新闻传播学基础理论以及新闻采访、评论、编辑等业务基础知识,了解我国新闻工作的方针、政策和法规,具有较强的文化素养和文字处理写作能力,能在地方企事业单位宣传部门从事采、写、编等工作,也能在中小型传媒公司从事新媒体创意和运营等工作,具备一定创新能力的高素质应用型人才"。从中不难看出,虽提及"人文素养",但本质落脚点是采、编、文字处理等专业技术的培养,政治、经济、历史、文化、自然科学等素养的培养则出现缺失,更遑论将这些素养与新闻专业技术进行有机整合。在这类片面强调专业技术的培养模式下,毕业生在实际工作中虽能表现出上手快的优点,但也容易出现后劲不足的问题。比如,在新闻纪录片的拍摄和剪辑中,熟练的"按键"操作技术是基础,但能否拍出、剪辑出有深度、有灵魂的作品,很大程度上取决于逻辑思维、审美能力、语言学知识、社会常识等通识素养的支撑力度,这也是毕业生能否从普通的摄像、剪辑"技工"成长为"技师""导演"的瓶颈之一。

由此可见,通识教育是培养复合型新闻人才的关键,也是新闻职业生涯要取得突破的重要节点。正如戈公振所言:"他们不可不研究可以帮助他来活动的学问,譬如对于政治,记者要研究的,就是政治学。对于商业,记者就是经济学。对于一省或一地方的记者,就是社会学。对于文艺记者,就是文学。所以新闻教育应该包括历史、地理、法律、国民经济及统计学和外国语、国际公法、特殊法律、哲学、历史和本国文学。"[2]

(三)行业现状对新闻人才的通识素养有迫切需求

新闻报道,根据内容可分为时政、农业、经济、文化、体育、法治、军事、娱乐等类型。记者专门从事其中某一领域的报道,在客观上有助于培养该领域的"专家型"新闻人才,也有助于提升报道质量,可以在一定程度上优化传播效果。但从行业现状来看,受地区经济社会发展不均衡、各地人事政策不同、各地财政资源二次分配差异较大等因素的影响,除国家级、省部级媒体及部分经济发达地区的地市级媒体设有专门的时政、经济、农业等部门外,普通地市级及以下媒体通常仅设有笼统的新闻部或记者部。换言之,地市级媒体记者通常要面对各种领域的报道,而没有固定的领域分工,这对记者的通识素养提出了较高的要求。并且,从就业现实情况来看,一方面,地市级及以下新闻媒体的数量远远超过省级以上媒体,是消化新闻专业毕业生的"主力",它们的需求理应在人才培养中得到重视;另一方面,地方普通院校的数量远大于国家重点院校,在新闻人才培养的数量上也远大于重点院校,且地方普通院校在人才培养目的上,也主要是服务地方经济社会发展,因此,在人才培养上也理应契合地方媒体对人才素质的要求。综上所述,从行业现状来看,媒体迫切需要具备较强通识素养的新闻人才,高校理应加强新闻专业通识教育。

二、当前新闻专业通识教育实践存在的普遍问题

国内高校对新闻专业通识教育的普遍性探索,起源于 2005 年 11 月在北京举行的"首届国际新闻学院院长论坛",与会专家达成共识,认为"新闻教育的核心任务是培养具有神圣的社会责任感、宽阔的国际视野、深厚的文化素养、科学的思维方式和精湛的专业技能的新闻

工作者"[3]。其内涵,即在做好专业技能的基础上,要对通识教育进行强化。经过十余年的实践,大部分高校已形成了开展新闻专业通识教育的意识,在人才培养上也取得了一定成绩,但同时也出现了一些普遍存在的问题。主要表现为以下几个方面。

(一)对通识教育与培养应用型人才的关系存在误解

2014年5月,国务院印发《关于加快发展现代职业教育的决定》,提出"引导一批普通本科高等学校向应用技术类型高等学校转型,重点举办本科职业教育"。根据这一文件精神,部分本科高校开始向职业教育转型。在这一探索过程中,一些高校将职业教育简单理解为"技术"教育,提高技术类课程学分和实践操作课时所占比重。殊不知,在新闻领域,单纯靠提高技术所培养出的新闻"技工"不等于合格的"新闻职业人"。

(二)通识教育课程覆盖的学科领域较为单一,部分领域缺少合格师资

一名优秀的新闻记者应该是"杂家",需要涉猎不同学科领域的专业知识,一些老牌重点院校较早意识到这一问题。例如,清华大学新闻学专业通识课程就包括文科数学、文科物理、现代生物学导论、机械制造实习等课程;复旦大学新闻学专业也开设有自然科学类、医学与药学类等跨学科通识课程。

与这些老牌院校、重点院校相比,地方普通院校的通识课程所覆盖的领域则普遍较为单一,原因主要有两个:一是除一些老牌新闻院校外,多数高校的新闻专业是在文学院、中文系的中文专业基础上创办的,师资结构中的中文教育背景、学术背景占很大比例,普遍将文学类课程作为主要通识课程;二是部分非综合性大学因学科结构较为单一,也不具备开设多学科通识课程的师资和硬件条件。

(三)重课堂讲授,轻课外延伸

素养的养成是一个长期的过程,需要量变的长期积累,非一朝一

夕所能完成。例如,要提高学生的文学素养,仅仅依靠"现当代文学""古代文学"几个学分、数十节课,不可能达到教学目标;要提高学生的写作能力,也不可能仅仅通过几十节写作课实现,需要大量的课外阅读、学习、写作实践来进行充实和强化。同理,重在培养"素养"的新闻专业通识教育,要达到教学目标,也必不能局限于课内讲授。但是,将课堂延伸至课外,管理学生的课余学习,恰恰是大多数高校不重视的问题。

(四)专业课程与通识教育呈现二元分立

通过专业课程培养学生的专业技能,通过通识教育培养学生的通识素养,两者最终都要服务于学生毕业后的职业发展。打个简单的比方,在职业发展中,专业技能是"工具",而通识素养是工具的"使用技巧"和"说明书",两者应相辅相成。但是,在多数高校的人才培养体系中,两者是以两个独立板块的形式存在,缺少横向勾连与融合。这就出现了学生拿到了"工具"却不知道如何用好、拿到了"说明书"却不知道它针对哪件工具的二元分立现象,无法达到较好的"使用效果"。

三、贺州学院卓越新闻传播人才培养计划在通识教育上的实践和探索

鉴于通识教育在新闻人才培养中的重要性,贺州学院卓越新闻传播人才培养计划项目自实施以来,便致力于复合型新闻人才的培养,项目组在结合自身实际情况并总结前人经验教训的基础上,进行了一系列实践与探索,并最终形成了"打好一个基础(文化基础),突出一个专业(新闻学专业),形成一个强项(纪录片方向)"的教学理念。具体说来,主要有以下几个方面。

(一)尽可能拓展通识教育的学科门类数量

贺州学院卓越新闻传播人才培养计划重视通识教育在人才培养中的作用,以"广而博"的理念,开设了"古代文学经典导读""现当代文

学经典导读""外国文学经典导读"等文学类课程,"社会调查学""媒介素养培养实践"等社会学课程,以及"文化学概论""媒介文化"等文化学课程,"艺术学概论"等艺术素养类课程,"思想道德修养与法律基础""记者职业道德与法律基础"等法律、道德类课程,"读、背、看、写实践(Ⅰ-Ⅳ)"等养成类课程,覆盖六大门类,总计34学分554课时。

(二)将通识教育向课外延伸,并建立量化考核机制

贺州学院卓越新闻传播人才培养计划认识到通识素养非一朝一夕所能养成的问题,实行了"11151"计划[阅读100部与新闻传播相关的文化书籍(其中,精读20部);背诵100篇(首、段)经典作品(其中,熟背15篇);观看100部(集、期)纪实类影视作品;写作50篇千字文;在主流媒体发表1万字新闻报道等纪实性作品;创作1部时长为15分钟的达到市级以上主流电视媒体播出要求的纪录片],实现了考核方式的量化,并将这一计划纳入"读、背、看、写实践(Ⅰ-Ⅳ)"课程,兼顾过程评价和结果评价,组织学习小组,开展讨论会、交流会活动,并由教师进行定期检查与考核。

(三)将通识教育融入专业课程的教学环节中

针对专业技术类课程与通识教育课程二元分立的问题,贺州学院卓越新闻传播人才培养计划强调在具体的专业课程中融入通识教育。例如,在"电视纪录片创作"课程的教学设计上,实行了分专题的项目制教学,设计了民族文化类(学生创作有《瑶族盘王节》《瑶绣》《采茶戏》等作品)、历史类(创作有《潇贺古道上的明珠》《临贺故城》等作品)、传统技艺类(创作有《瑶山油茶》《马峰凉粉》《龙狮》等作品)、社会生活类(创作有《养蜂人》《最后一场演出》等作品)等通识领域的多个分阶段的创作实践板块。学生在创作实践中,要想达到考核要求甚至出好作品,就必须主动去补齐和强化该领域的知识,在潜移默化中也就接受了通识教育。再通过教师评讲作品,帮助学生理解这些通识类知识在电视纪录片创作中的作用和意义,以实现专业、通识两类知识

的融会贯通、学以致用。

(四)邀请业界专家参与通识教育授课

通识教育在部分学科领域缺乏合格师资的问题,在前文已作了简单阐述。以"社会调查学"为例,怎样的师资才算合格?从该课程所涉及的专业技术层面来看,主要是抽样设计和概率统计,似乎懂数学就可以胜任,但这门课真正的难点是如何进行调查,如何与形形色色的调查对象打交道,如何判断调查的信息真实可靠,如何避免调查失实等问题,而这正是许多高校教师职业经历中的短板。如果由缺少社会调查经验的校内教师来讲授,很容易出现真正的难点无内容可讲,而将课上成似"数理统计"又非"数理统计"的情况,最终的教学效果也就可想而知。

针对这一问题,贺州学院卓越新闻传播人才培养计划项目组充分利用校企、校媒合作平台,邀请业界教师参与通识教育授课。例如,对于"社会调查学"课程,项目组邀请了在社会调查类报道上有丰富实践经验的贺州人民广播电台唐春兰主任编辑为学生授课;"记者职业道德与法律基础"课程,则邀请了有多年从业经历的贺州电视台隆群良主任编辑为学生授课。两位业界教师能充分结合业界实践经验与专业知识进行讲解,产生了较好的教学效果,也得到了学生们的认可和好评。

四、贺州学院卓越新闻人才培养计划在通识教育实践中存在的问题

项目组在总结前人经验教训的基础上,在新闻专业通识教育方面进行了一些实践和探索,取得了一定成果。例如,2014级、2015级卓越新闻班43名学生,在课程实践、毕业实习中,发表新闻作品1000余篇,内容涵盖时政、历史、法治、社会生活等诸多领域;由2014级卓越新闻班学生自主创作,反映贺州红色历史的17集大型历史文化纪录

片《潇贺往事之红色记忆》达到业界播出标准，并于2018年6月16日在贺州电视台开播，表现出了学生较好的多学科知识应用能力、思考能力和社会活动能力，通识素养在其中功不可没。但经过冷静思考与总结，贺州学院卓越新闻人才培养计划在通识教育上，也存在以下问题。

一是通识教育覆盖的学科领域不够均衡。虽然开设有十余门课程，达到数百个课时，也有一整套课外延伸培养与考核机制，但总体偏向于文科类，自然科学类、工程类课程（如清华大学新闻专业开设的"文科数学"）目前还处于空白，可能造成学生通识素养在结构体系上的不均衡。

二是贺州学院卓越新闻班的学生选拔自汉语言文学、广播电视编导、秘书学、网络与新媒体、数字媒体艺术五个不同专业，在大二单独组班。进入卓越新闻班学习之前，学生们已在原专业接受过一年教育。由于各专业的人才培养方案差别较大，学生在大一时学习的课程也各不相同。有的专业在大一即开设有通识课程，有的未开设。即使是相同的课程，由于所学专业不同，其教学内容的侧重点也有差异，这就造成了学生的专业背景和通识素养背景参差不齐，给后续在卓越新闻班中进行的新闻专业通识教育带来了一定困扰。

三是通识教育的考核形式较为单一，多数课程采用卷面考试或书面考核，少数采用作品考核，尚不能准确反映通识教育的实际效果。

五、结语

纵观国内新闻教育历程，新闻专业通识教育开始受到各地院校的重视，但仍存在涉及的学科单一、与专业课缺少融合等问题。贺州学院卓越新闻传播人才培养计划项目组在总结前人经验教训的基础上，进行了一系列实践和探索，也取得了一定的实际效果。事实证明，在"卓越新闻传播人才培养计划2.0"背景下，通识教育是培养复合型新闻人才的关键环节,有必要在教学中进行强化和作进一步的研究与探索。

注释

[1]魏艳.种植转基因玉米让老鼠减少母猪流产?专家回应:谣言[EB/OL].(2013-07-09)[2019-01-31].http//scitech.people.com.cn/n/2013/0709/c1007-22133532.html.

[2]文新良,李滨.简论民国时期的新闻通识教育[J].学术交流,2015(9):190-193.

[3]周鹏.反思近年新闻教育的缺失与不足[J].传媒观察,2012(1):53-55.

〔刘称心、伍晨阳,贺州学院文化与传媒学院专任教师〕

浅谈新闻学专业的实训模式改革与探索*

——以"贺州学院卓越新闻传播人才培养计划"为例

◎ 伍晨阳

Wu Chenyang

摘要: 新闻学专业具有很强的实践性,尤其在国家鼓励地方本科院校向应用型转型的背景下,加强实训,改革实训模式,已成为多数高校在新闻教育领域的共识。针对当前新闻学专业实训中存在的普遍问题、典型问题,贺州学院卓越新闻传播人才培养计划在该领域进行了改革与尝试,力图突破当前新闻学专业实训的难点与困局。

关键词: 新闻学专业;实训模式;改革与探索

一、当前新闻学专业实训存在的主要问题

新闻学专业具有很强的实践性,对学生的动手能力有着较高的要求。因此,也有学者称其是"文科中的工科"。早在20世纪初,著名记者黄远生就提出了"新闻记者须有四能,即脑筋能想、腿脚能奔走、耳能听、手能写"的观点。从中不难看出,实践能力对新闻工作的重要

---

* 本文原载于《贺州学院学报》2019年第2期第145~148页,收入本书时有改动。

性。此后百年间,广播、电视、网络、移动终端等传媒新技术不断出现,新闻工作者应具备的具体专业技术、技能也发生了较大变化,但新闻专业强调动手能力的本质始终如一。注重实训课程,在21世纪也依旧是新闻学专业人才培养的重点环节。但是,如何做好新闻专业实训,尤其是如何提升实训结果的有效性,始终是人才培养中的一个难点,也产生了一系列问题。

(一)一些高校将"实验"与"实训"混为一谈

要做好新闻学专业实训,首先应厘清实训的概念。"实验"与"实训",两词的符号信息相似,词义相近。实验重在通过"实际验证"来加深对某个知识点的理解和认识,实训则是在"真实工作环境"或"模拟真实工作环境"中进行的专业技能训练。例如,在"摄影摄像"课程中,教师讲到景别,要求学生做拍摄不同景别的练习,以理解近景、中景、特写是什么,怎么拍。若在这一过程中没有模拟实际的新闻拍摄环境(如:会议新闻的拍摄有哪些景别,具体某个景别用来拍摄什么),那么这一教学活动,我们只能称其为"实验",而不能称其为"实训"。许多高校在课程教案或教学总结中,名义上有大量的实训课时,但其中占很大比例的是这类"实验",与知识点在真实工作环境中的实际应用存在很大差距。换言之,许多高校真正意义的实训在人才培养中所占比例不足,难以达到较好的教学效果。

(二)将"校媒合作实训"简单等同于到媒体"实习",且缺少"过程考核"

人才培养的最终目的是向业界输送人才,服务于行业发展。业界的认可,是人才培养质量的最终考核标准。因此,让业界参与到高校的人才培养中,也是当前的热点。但就目前的实际情况来看,校媒合作实训,大多存在模式单一、停留在浅层的问题。例如,许多高校的校媒合作实训,仅仅停留在把学生送到媒体做毕业实习的层面。并且,将学生送到媒体后,校方很少再对实习的过程进行监督和考核,只是简单地以最终有多少作品署名、实习单位的实习鉴定等材料作为评分标准。过程考核的缺失,导致出现了一些学生并未实际参与新闻报道活动,而是由记者帮其挂名,以完成任务的敷衍情况,难以达到实训目的。

(三)缺少合格的实训师资

由于当前高校教师的选拔机制较为单一,受学历等选拔因素的限制,多数高校教师的经历是"从学校到学校",也就是毕业后就进入高校任教,虽然有较高的学历,但除自身求学时的媒体实习经历外,没有在媒体正式从业的经历,其本身对媒体就缺乏了解。由这类教师来承担指导实训的任务,教学内容必然出现"空对空"、认识浅、脱离业界实际等情况,学生也就很难通过这样的实训来提升实际应用能力,其就业竞争力也必然受到影响。

(四)"校内实训平台"对真实工作环境的模拟性还不够强

课堂教学的课时有限,且专业技能学习是一个需要不断强化的过程,有鉴于此,许多高校建立了校园报社、校园期刊社、校园电视台、校园公众号等校内实训平台,将课堂实训向课外延伸。但在实际使用和管理中,许多平台陷入了"兴趣社团"式的管理和运行,没有真正起到让学生在模拟真实工作环境下进行训练的作用。例如,一些高校建有校园电视台,但多数是以两种形式或两种功能存在:一是为某门具体课程的实践环节提供硬件、场地;二是为某些课余有上进心的同学提供一个"加餐"平台。在运行上,这些平台在没有哪门课程需要实践的时间段内,就没有人使用;沦为"兴趣社团"式,学生来去也就全凭自愿,制作的节目什么时候播出,应达到什么水平,也就没有标准。这样的平台与媒体重时效、重节目播出时间准确性的真实情况完全不同,达不到实训目的,还可能让学生养成松散的不良职业习惯。另外,还有不少校内媒体只考虑了模拟节目制作的操作流程,并没有模拟媒体工作的"软环境"。例如,党委的领导和监督,在校内实训平台中较少体现。

二、贺州学院卓越新闻传播人才培养计划在新闻实训方面的改革与探索

贺州学院卓越新闻传播人才培养计划是由贺州学院特聘教授、全国广播电视百优理论工作者熊高教授发起,围绕"打好一个基础(文化基础),突出一个专业(新闻学专业),形成一个强项(纪录片方向)"的教学理念,以培养复合型新闻传播人才。鉴于实训环节在新闻人才培养中的重要性,以及当前新闻实训中存在的普遍问题,项目组进行了积极的改革与探索。主要有以下几个方面。

(一)打破校内、校外实训二元机制,将校媒合作实训全程融入人才培养

针对以前"学校负责校内教学,合作单位负责毕业实习"的不合理机制,贺州学院卓越新闻传播人才培养计划项目组与贺州日报社、贺州人民广播电台、贺州电视台深度合作,将业界对实训的指导全程融入人才培养中。主要做法有以下几项。

一是在具体课程的实训环节中加入业界考核环节。过去,一门课学得好与不好,都是由校内教师进行评判,无异于自说自话、闭门造车。某项课程知识、技能的学习效果如何,最终评判标准应在业界。项目组将业界考核标准引入具体课程中,例如,在熊高教授承担的"新闻采访""新闻写作"课程中,每名学生必须独立在贺州市级以上媒体发表 1 条新闻,方可获得期末卷面考试资格,发表 3 条及以上可免卷面考试且课程成绩计 90 分。

二是邀请业界专家走进校内,实质性承担实训课程教学。这里讲的实质性,是相对于过去不少院校采用不定期邀请业界专家作新闻素养、新闻业务类讲座等模式而言。过去的模式,不可否认,在引导学生了解业界、提升动手能力上有积极意义,但实际效果常常有如"蜻蜓点水"。贺州学院卓越新闻传播人才培养计划的部分实训课程,则采用

由业界教师全程承担的模式。例如,"新闻编辑学"由贺州日报社副总编、主任编辑郭勇娟讲授;主要应用于调查性报道的"社会调查学"则由贺州广播电台副总编辑、主任编辑唐春兰承担。在 2016 级卓越新闻班"社会调查学"课程中,唐春兰指导学生完成了贺州人民广播电台策划的《贺州共享单车使用和管理调查报告》并在电台播出,在"业界标准融入具体课程的实训环节"上起到了示范作用。

三是在毕业实训环节,采取集中实习模式,并将校内监督、考核延伸到校外。此举针对过去校外实习环节中缺少校内人员的有效监督,媒体又缺少人力代为管理,让一些自制力不强的学生有空子可钻的问题。为严把实习考核关,避免实习环节成为敷衍,项目组取消了过去本专业的"自主实习"选项,将学生全部集中到贺州日报社、贺州电视台、贺州人民广播电台实习,并由专门的教师负责带队和管理,要求带队教师每周至少一次到媒体跟踪了解学生的实习情况,进行全程动态监督,使实习真正落到实处。

(二)重视实训课程师资的业界从业经历

针对前文提到的教师缺乏从业经历,实训环节往往出现"空对空"的问题,贺州学院卓越新闻传播人才培养计划采取了一票否决制,即没有业界从业经历的教师,不得承担专业核心实训课程。同时,引入业界教师,解决合格实训师资不足的难点。目前,该项目组核心团队 7 人,具有业界实际从业经历的有 6 人,占 85.7%;具有业界高级职称的为 4 人,占 57.1%。

(三)构建"全真模拟"理念下的校内实训平台

课内实训,因课时限制,实训环节难以深入与业界接轨。校内实训如果仅依靠课内实训环节,容易造成与校外实训(毕业实习)之间在真实度和技能积累上的断层。媒体工作是紧张和快节奏的,毕业实习中的业界指导教师要完成自身工作,很难有时间和精力为学生从基础讲起或补上在学校欠下的基础操作技能,只能是重点点拨。如果学生在毕业实习前已有了一定的技能积累,通过业界教师点拨,学习效率和实习效果将会显著提升。如果不具备基本的上手能力,在实习单位必然陷入无事可做,让实习流于形式的困境。

为改善这一断层现象,以及解决前文提到的校内实训平台真实度等问题,项目组于 2016 年向学校申请成立了贺州学院校园电视台。校园电视台在硬件、管理和"软环境"上都尽量模拟业界实际情况。校园电视台模拟地方电视台由上级党委领导、文新广电局主管、媒体负责运营的机制,采用了由校党委宣传部主管、文化与传媒学院主建、卓越项目组负责运行的模式。对应地方电视台的机构设置,校园电视台下设总编室、新闻部、播音主持部、技术与后期制作部、专题部、台办公室等部门,主要承担周播栏目《贺院新闻》(每期 10 分钟)的摄制及学校大型活动的录制等。为避免前文提到的"兴趣社团"式管理,贺州学院将校园电视台实训纳入"媒介素养实践"课程进行考核,每学期计 3 学分 48 学时,每个小组每学期须完成两期校园新闻,并由任课教师和校党委宣传部审核合格后方可及格。目前,经过 4 个学期的运行,贺州学院校园电视台已完成校园新闻 54 期 24 条新闻在贺州电视台播出,基本达到了校内模拟平台实训的预期效果。

三、贺州学院卓越新闻人才培养计划实训成果及存在的不足

通过实训模式改革,贺州学院卓越新闻传播人才培养计划班学生的实际动手能力和知识应用能力得到了显著提升,也受到了实习单位和用人单位的好评。2014 级、2015 级卓越新闻班学生,在新华网、中国新闻网、《广西日报》、《贺州日报》、贺州电视台、贺州人民广播电台等主流媒体发表作品 1026 篇,在贺州电视台播出纪录片、专题片 22 部(集)。其中,由 2014 级学生创作的 17 集大型历史文化纪录片《潇贺往事之红色记忆》,于 2018 年 6 月 26 日起,以献礼"七一"的形式在贺州电视台连续播出,开创了广西同类院校的先河。2014 级的 21 名

学生,实现100％就业。

经过三年的实践,贺州学院卓越新闻传播人才培养计划在实训模式改革上取得了一定成绩,但仍存在一些不足,主要表现在以下方面。

一是从传播渠道的角度来看,学生接受的实训还较为单一。目前,校内实训和校外实训都以传统媒体、传统传播渠道为主。新闻信息要通过传播产生传播效果,才能实现其传播价值。虽然在培养方向上,贺州学院偏重广播电视新闻,尤其是纪录片方向,均对应电视媒介,但随着传播技术的不断更新,传统媒介的使用率也日渐下降,视频新闻、纪录片的新媒体传播将成为一个热点问题,这也将是学院今后将继续探索和改革的问题之一。

二是涉及实训的课程在时间节点上还需调整。培养复合型新闻人才,通识教育是重要渠道,为加强理论素养和文化基础,贺州学院卓越新闻班学生在大一、大二主要学习理论课程和通识课程;大三学习"新闻采访""摄影摄像""后期制作""电视纪录片创作"等实操性较强的专业课以及参加校园电视台实训;大四进行毕业实习和毕业作品的创作。但在培养过程中,出现了实训类课程过于集中的问题。一方面,学生一直忙于动手操作,缺少思考和总结的时间与空间;另一方面,一些学生操作效率低,为完成较繁重的实训任务,就对作品采取敷衍交差的态度,缺少反复琢磨做精品的历练。

四、结语

从传媒产业对人才的需求来看,通过实训来培养学生的动手能力,是提升新闻专业教育质量的重要途径,但当前新闻专业的实训,仍存在概念模糊、形式单一、师资缺乏、模拟真实性不够强等问题。贺州学院卓越新闻传播人才培养计划项目组在总结前人经验教训的基础上,进行了一系列实践和探索,也取得了一定的实际效果。事实证明,校媒深度合作实训、构建符合业界要求的校内实训平台等措施,是解决这些问题的有效手段之一,有必要在人才培养中作进一步的研究与探索。

参考文献

[1]周红,宣飞霞.新闻学专业实习实践基地建设初探[J].北京教育(高教版),2010(2):51-52,63.

[2]常海燕.新闻学专业产学合作实训教学机制研究[J].辽宁农业职业技术学院学报,2017,19(4):30-32.

[3]陈卓威.广播电视编导专业实验教学改革研究[J].成都理工大学学报(社会科学版),2009(2):95-98.

[4]曲茹,马宪超.新闻实训基地建设与全媒体人才培养模式探究[J].北京教育(高教版),2014(C1):117-119.

[5]郭玉真,李焕芹.广播电视编导专业学生校内实训模式研究[J].新闻知识,2015(2):80-81.

[6]赵亿.媒介融合背景下对高校新闻实践教学评价模式构建的研究[J].新闻传播,2015(19):43-44.

〔伍晨阳,贺州学院文化与传媒学院专任教师〕

融媒体时代下电视记者的素养提升*

◎ 许洪杰
Xu Hongjie

摘要：随着互联网和计算机科技的快速发展,各行各业都在发生深刻的变革。在融媒体时代,传统的电视记者面临着更多的机遇和挑战,电视记者要与时俱进地掌握更多高科技技能和采访技巧,进而创作出有价值的新闻产品。

关键词：融媒体；记者；能力；研究

融媒体是随着互联网和计算机技术发展而产生的一种新事物,正是因为融媒体的出现,传统的传媒产业发生了重大变革。融媒体以其丰富的内容表达形式、快捷的传输模式以及广大的受众群体,迅速占领了新闻媒体市场。在融媒体时代,电视记者只有做到与时俱进,才能把握更多的机遇,从容应对更多的挑战,进而实现自身价值。

一、融媒体的重要特征

融媒体是依托于现代互联网和计算机技术而存在的,具有很强的

---

* 本文原载于《采写编》2019年第1期第109～111页,收入本书时有改动。

延展性和内容的丰富性。融媒体,顾名思义,是多种媒体形式的融合,这种融合并不是杂乱无章的,而是以某种逻辑方式紧密结合为一个整体。融媒体的代表就是各类社交新闻软件,例如微信、微博、短视频软件等。现在,智能手机已经得到最大限度的普及和发展,几乎人人都在使用智能手机。智能手机相对于传统手机而言,具有自身独特的优势。智能手机不仅仅具有传统的语音通话和短信息功能,而且具有上网、处理多媒体信息等重要功能。现在的智能手机已经发展成了一种网络操作平台,人们可以方便地在智能手机上阅读、沟通交流、购物、查询信息等。智能手机已成为人们日常使用的必备工具。融媒体就是紧紧依托于移动互联网发展起来的,它具有极强的信息传输能力和延展能力。

融媒体相对于传统媒体而言,具有很强的灵活性。传统媒体的传播方式是中心型的,即新闻信息的传播主要是依靠报社、电视、广播等信息来源中心,然后再以报纸、广播等方式传播给社会公众。融媒体则采用一种全新的方式,即平等节点方式。在平等节点信息传播模式中,没有固定的类似于报社之类的机构。每一个能够使用智能手机的个体都有机会利用各种社交软件进行信息发布,然后信息在互联网中可以以几何级的速度进行传播。这种传播速度可以达到很高的量级,而且信息在传播过程中的成本几乎为零。因此,人们在融媒体中获得了信息传播的主导权和组织权,进而极大地提升了人们对融媒体的兴趣和认知度。

与传统新闻媒体相比,融媒体具有很强的互动性。以新闻报纸和广播为代表的传统媒体是单向的,社会公众只能被动地接受报纸上的信息内容,没有机会参与其中,更不可能直接主导信息的传播。但是,在融媒体时代,每个人都有机会成为信息的传播者和生产者。例如,现在非常流行的抖音,它主要是为用户提供一个可以上传个人拍摄内容的网络平台,任何人都可以在抖音上注册账户,根据自己的兴趣爱好进行短视频创作。很多社会热点新闻信息都是通过短视频的方式传播的,任何人都可以观看短视频并进行评论。由此可见,融媒体具有很强的互动性和包容性,与互联网的价值理念也是相契合的。

二、电视记者素养提升的必要性

电视记者在传统媒体时代中具有重要作用,他们是新闻信息的生产者和传播者。电视记者最为重要的一项技能就是新闻采访,采访是电视记者获取大量第一手信息资料的主要途径。通过采访报道,电视记者可以及时获取客观事实,甚至对事态的发展和变化起着重要的作用。随着融媒体时代的到来,传统电视记者的职能和作用也在发生着改变。电视记者的新闻信息传播职能在很大程度上已经被弱化。在融媒体时代,几乎人人都可以担当记者的角色,每当社会上出现热点新闻事件,发布和获取第一手资料信息的往往不是电视记者,而是无处不在的网民。人们手里的智能手机具有拍摄功能和高速上网功能,新闻热点事件发生后,附近的网民即可以将其拍摄上传引爆网络。因此,融媒体的到来改变了传统新闻媒体模式,具有变革意义。电视记者必须面对新形势,并根据融媒体的特点积极作出调整和改变,主动提升自身素质和能力,及时适应时代的发展和变化,争取在融媒体时代占得先机,实现自身的价值。

互联网科技以其迅雷不及掩耳之势影响了人们生活、工作、学习的方方面面,发挥着不可替代的作用。它使得很多行业发生了变革,甚至直接颠覆了某个行业的存在。时代的发展要求我们每一个人必须顺应时代的发展潮流,积极进取,只有这样才能在新时代掌握更多的主动权。电视记者具有很强的技能性,在传统媒体时代,由于信息传播缓慢,社会公众只有通过新闻报纸、电视电台才能获取社会热点新闻信息,而记者担负着信息采集的重要角色,其职责的重要性不言而喻。正是因为信息传播的效率低下和信息传播控制的主导性,在利益的驱动下,少部分新闻记者可能铤而走险,违背职业道德进行不实报道,甚至是虚假报道。但是,在融媒体时代,每个人都可以成为社会的监督者和举报者。新闻信息在传播过程中可以不断得到社会公众的反馈,从而进行修正,任何虚假新闻都不可能躲过社会公众的审查。因此,电视记者在融媒体时代必须具备很强的社会责任感,严格遵守新闻职业道德,这也是电视记者提升职业道德素养的必要手段。

三、电视记者提升素养的若干措施

在融媒体时代,任何人都可以成为新闻信息内容的生产者和传播者。融媒体的这一特征固然可以使得新闻信息得到快速传播,但是,这也意味着融媒体中的新闻信息缺乏必要审查,可能存在着信息质量参差不齐的问题。甚至有些网民为了博取眼球和社会公众关注,恶意造谣传谣,影响了社会的和谐稳定,造成了恶劣的社会影响。因此,在融媒体时代,电视记者具有自身独特的优势,即电视记者是经过专业训练的信息内容生产者和传播者。相对于普通社会公众而言,电视记者具有较强的新闻敏感性,经过电视记者处理的新闻信息往往具有更强的可读性和更深的层次,他们能够充分挖掘出新闻信息的价值。所以,在融媒体时代,电视记者应当积极掌握各类主流媒介的使用方法,积极利用这些新型网络平台进行新闻创作和传播。电视记者必须充分利用自身的专业素质和专业技能,积极创作出更加有深度的新闻产品,形成自身的新闻特色,通过在网络平台上人气的不断积累,形成一定的品牌效应,扩大自身的社会影响力。作为一名优秀的电视记者,必须做到审时度势,具备高度的社会责任感和职业敏感性,积极将自身价值和社会价值有机结合起来,以更加饱满的工作热情投入新闻创作中。

在融媒体时代,信息的传播广度大、速度快、密度高,每个人既是新闻信息的接受者又是传播者。电视记者在这种新形势下唯有不断更新职业理念,积极进行技能转型,才能最大限度地提升专业素养,成为融媒体时代称职的新闻记者,充分实现自己的职业价值。采访是电视记者的必备技能之一,是电视记者获取第一手新闻信息的主要手段,电视记者必须在采访过程中做到及时、准确、客观、公正。为了更好地进行采访工作,电视记者必须事先做好充分准备,包括制定完善的应急预案,一旦遇到突发事件,可以做到临危不乱、沉着冷静。在采访之前,应积极关注当前的社会热点,主动将采访内容与社会热点相结合;对被采访对象的家庭背景、学历背景、专业背景等,应充分了解和掌握,以便在采访过程中可以提出有针对性的问题,高效地开展采访工作。在采访结束后,电视记者要通过多种途径进行信息发布,例如可以利用微信公众号、微博、短视频等方式进行信息传播,力求让信息得到最大限度的传播,扩大社会影响力。同时,在创作新闻信息的过程中一定要遵守职业道德操守,保证新闻信息的真实客观性,杜绝歪曲捏造新闻信息,避免造成负面的社会影响。

当今社会正处于信息大爆炸的时代,互联网一方面使得人们可以方便地获取各类信息,另一方面也为人们精准地获取信息造成了一些障碍。在海量的新闻信息中,如何果断地抓住社会公众的眼球,获得社会公众的关注,是当代电视记者以及相关新闻从业人员必须面对的课题。在融媒体时代,电视记者应当做到与时俱进,积极转变工作思路,学会换位思考,站在社会公众的角度思考问题、解决问题,用通俗易懂的方式创作出更多人们喜闻乐见的新闻产品。为了让新闻信息得到更大范围的传播,为更多人所接受,电视记者应当进行必要的社会调研,调研的对象包括各个社会阶层的人员,例如商人、公务员、学生、工人等。由于社会背景和教育层次的不同,不同社会阶层的人士对于新闻信息的关注点也各不相同。为了获取更多社会公众的关注和接受,电视记者应当针对不同社会阶层人士的喜好进行不同的创作。例如,对于同一个新闻信息,可以通过问题解读分析的形式进行报道,也可以制作成短视频进行报道。不同的新闻形式承载的是同样的新闻内容,但是能被不同社会阶层的人士所接受。融媒体的一个基本特征就是内容和形式的多样性,因此,只有认真把握融媒体的特征,才能在融媒体时代创作出更多符合社会公众审美标准的新闻产品。

参考文献

[1]吉海涛.探析新媒体时代电视新闻记者采访技巧的提高路径[J].新闻研究导刊,2017,8(12):208,238.

[2]吴廷俊,顾建明.典型报道理论与毛泽东新闻思想[J].新闻与传播研究,2001,8(3):43-48.

[3]段文雅.融媒体时代报社记者提升采访技巧的路径研究[J].采写编,2017(5):74-75.

〔许洪杰,贺州学院文化与传媒学院专任教师〕

网络时代下传统纸媒编辑的转型*

◎ 许洪杰

Xu Hongjie

摘要：信息网络技术的快速发展，极大地改变了我们的生活、工作和学习方式，也促进了各行各业的发展和转型。在网络时代，传统纸媒编辑面临着机遇和挑战，如何更好地把握住网络时代的机遇，成为纸媒编辑所必须面对的问题。

关键词：网络时代；纸媒；转型；策略

一、网络媒体的基本特征

在移动互联网环境下，新闻信息传播已经改变了传统的传播方式。在纸媒时代，信息传播的主导权掌握在特定的机构，而社会公众仅仅是新闻信息的受众，只能单方面地接受新闻信息，而很少参与新闻信息传播和评论。但是，随着网络时代的到来，这种局面得到了根本性的改变。在移动互联网时代，每个智能手机的使用者都可以成为新闻信息的传播节点，参与到新闻信息的生产和传播环节。

---

* 本文原载于《记者摇篮》2019年第6期第49～50页，收入本书时略有改动。

实际上,现在很多热点新闻事件的第一手新闻资讯并不是由报社记者编辑获取的,而是由在事件发生地的群众发现并上传网络进行传播的。微信朋友圈、微博、短视频等社交软件成为新闻信息传播的重要平台。在这个平台上,人们可以轻松地进行新闻信息编辑。网络的实时性传播极大地改变了新闻信息的传播模式和速度。

网络媒体具有丰富性。传统纸媒的主要依托是新闻报纸,文字和图片是传统纸媒的主要表现方式。但是,到了网络时代,网络媒体已经伴随时代的发展远远超越了传统纸媒的表现形式。网络媒体上可以承载文字、图片,也可以承载音乐、视频、超链接等多媒体信息。现在网络媒体终端甚至开通了直播功能,人们可以在移动智能终端上观看新闻事件现场的相关视频。网络媒体的传播平台也具有一定的丰富性,包括电脑客户端和移动客户端等。微博、朋友圈等均可以成为网络媒体的传播平台。

在这些网络平台上传播新闻信息具有很大的优势。一方面成本比较低,除需要消耗少量的流量费之外,几乎不存在其他相关费用。另一方面,网络媒体上的受众也比较广。现在,几乎人人都有微信、微博账号等,人们可以方便地通过手机客户端来获取相关新闻信息。可以说,现在人们获取新闻信息的主要媒介已经从过去的新闻报纸转移到了网络媒体。

二、传统纸媒编辑面临的挑战

传统纸媒编辑是纸媒时代的重要力量,他们处于新闻信息传播的核心环节,是过去新闻信息传播的中坚力量。但是,随着时代的发展和网络媒体的普及,传统纸媒编辑已经面临着一系列的挑战。有些纸媒编辑思想比较陈旧,依然抱着固有的思维模式,认为报纸是新闻信息传播的主要途径,依然采用原有的编辑模式。

然而,传统的纸媒思维已经无法适应时代的发展需要。几乎所有行业都在网络时代面临着转型问题。在网络时代,纸媒编辑的地位被削弱了。因为在网络时代,任何人都可以使用智能手机等设备发现新闻并传播新闻,也就是说,在网络时代人人都可以成为新闻编辑。那么,在这种时代背景下,如果传统纸媒编辑依然止步不前,无法顺应时代发展潮流,无疑将被时代淘汰。因此,及时把握行业发展方向,主动进行转型才是顺应时代发展要求的有效措施。

三、传统纸媒编辑的转型策略

在网络时代,传统纸媒编辑要积极转变思维模式,高度重视网络媒体。有些纸媒编辑认为,网络媒体是杂牌军,网络编辑的水平不高,编辑出来的新闻信息质量也是良莠不齐。他们依然认为传统纸媒编辑才是主导新闻信息传播的主要力量。倘若现在仍然持有这种陈旧思想,那无疑会被时代淘汰。传统纸媒编辑首先要积极转变思想,认真学习网络技术,实现自身业务从传统纸媒转移到网络媒体。在网络媒体时代,信息传播的速度快、范围广、影响大,每个人都可以成为新闻信息的制造者、传播者和参与者。在这种情况下,媒体编辑要及时做到与时俱进,融入网络环境中,并在网络环境中积极发挥自身优势和特点,创作出有深度、有特色的新闻信息,实现自身的行业价值。逆水行舟,不进则退,面临行业变革的趋势,及时转变思想观念是取得成功的第一步。

传统纸媒机构要积极适应网络媒体环境,将主要精力和业务转移到网络平台上来。例如,积极创建网络媒体平台,主动将自身的主要业务进行网络化经营。在经营模式上可以参考免费加广告的形式,也可以采用收费的模式。总之,只要新闻信息的质量足够高,就能培养一批忠实的读者和用户。

在网络媒体时代,新闻编辑要采用多元化的新闻表达方式。例如,对于同一个新闻事件的调查报道,可以采用视频直播的方式,也可以制作成新闻短片,或者可以写成简短的新闻报道等。现在,社会各个阶层都在使用互联网,任何职业、学历和工作背景的人都在使用网络获取新闻信息,因此,只有编辑制作更多形式的新闻信息,才能使得新闻信息依靠各种载体和形式得到最大限度的传播。

同时,新闻编辑也要注意新闻信息的表达方式,更多地采用人民群众喜闻乐见的报道方式,让人们在轻松愉悦的环境下阅知新闻信息。社会主流的新闻媒体除创建自身的网站外,还可以在微信公众号、微博公众号等平台上开通相关账号,通过多种途径扩大自身的社会影响力。

在网络媒体时代,虽然说每个人都可以参与到新闻信息的传播中,但是部分网络用户出于各种目的进行网络造谣、传播谣言等违法犯罪行为,极大地损害了新闻价值,造成了恶劣的社会影响。新闻编辑在转型的过程中可能会遇到利益诱惑,在这种情况下,一定要坚持自己的职业道德操守和理想信念,自觉抵制各种利益和诱惑。在编辑新闻和传播新闻的过程中,一定要坚持客观、公正的原则,这是一个新闻编辑最起码的职业道德底线,一旦突破了这个底线,将在很大程度上损害新闻行业的整体声誉和公信力。因此,在网络媒体时代,各类新闻信息充斥其中,传统纸媒编辑必须积极转型,转变思想观念,并及时掌握网络媒体的各项专业技能,坚守高尚的职业操守和理想信念。唯有如此,才能在网络时代下把握行业发展潮流,实现自身的职业价值。

参考文献

[1]吉海涛.探析新媒体时代电视新闻记者采访技巧的提高路径[J].新闻研究导刊,2017,8(12):208,238.

〔许洪杰,贺州学院文化与传媒学院专任教师〕

网络媒体黄色新闻内容分析：
利弊与救赎*

◎ 肖 军

Xiao Jun

摘要："黄色新闻"这一概念最早出现在美国新闻史上，始于19世纪末美国报业大亨威廉·赫斯特与约瑟夫·普利策的激烈竞争。各界对于黄色新闻，众口不一，褒贬参半，然而不可否认的是，黄色新闻在世界新闻史上留下了不可抹去的浓重一笔。虽然它们从不是新闻写作的主流，却从未退出过历史舞台。本研究通过对2017年至2019年我国网络媒体网易、新浪、腾讯三家门户网站的黄色新闻报道进行内容分析，来探讨我国媒体如何完善黄色新闻报道以及这一报道方式的模式变迁。

关键词：黄色新闻；内容分析；救赎

黄色新闻最早出现在美国，是指新闻媒体编辑用极端的夸张情节来渲染新闻事件，尤其是诸如色情、暴力、犯罪等方面的新闻事件，借此达到扩大新闻报道影响力的目的。

与美国的黄色新闻相比，我国媒体出现了黄色新闻的新趋势，黄

---

* 本文原载于《古今文创》2021年第19期第104～105页，收入本书时有改动。

色新闻报道在报道内容、传播手段和影响公共事务方面具有新特点。黄色新闻对社会风气、新闻媒体本身和受众产生了极大影响。尤其是网络媒体,成了黄色新闻报道的"前沿阵地"。

然而,黄色新闻是现代办报理念的先驱,现代媒体承袭了黄色新闻的部分编辑理念,黄色新闻所承载的诸如理解受众的娱乐需求、关注弱势群体等社会功能也不断显现出来。种种迹象表明,黄色新闻也有其积极的意义。

本研究通过对我国网络黄色新闻报道进行内容分析来探讨下面三个问题:①黄色新闻的表现形式特征;②黄色新闻所呈现的"黄"的特点;③黄色新闻报道的文本特征。

一、样本采集及研究方法

(一)样本与分析单位

目标媒体选定:本研究以网络媒体为目标媒体。在选择目标媒体时力图选择多个样本,使样本间具有可比性,形成参照。所以,本研究选择的目标媒体为网易、新浪、腾讯三家门户网络媒体。

时间范围选定:本研究选取最近三个年份2017—2019年中的上半年一两个月份和下半年一两个月份为研究时段。重点选择4月和9月,因为这两个月份作为法定假期和特殊事件较少的月份,可以在某种程度上避免节假日对研究的干扰,以获取常态中的媒体特征。

(二)类目的建构

在参照过去研究的基础上,根据目的和需要,本研究的内容分析主要包括以下几个方面。

1.黄色新闻内容的特征性表现

(1)主要议题:个案报告;社会舆论和社会影响;黄色新闻的相关研究报告;社会活动;公众对黄色新闻的态度;其他。

(2)信息来源:公众人物;政府工作人员;企事业单位;娱乐圈;当事人家属及朋友;普通民众;其他媒体;其他。一个报告可以包括多于一个的消息来源,本研究只调查和记录最主要的信息来源。

(3)报道形式:短消息;深度报道;特写;评论;其他。

(4)版面样式:文字新闻;视频新闻;其他。

2.黄色新闻呈现"黄"的特点

(1)黄色新闻带来的影响:错误导向;积极意义;不可辨识或未交代。

(2)黄色新闻类型:色情;暴力;犯罪;丑闻;不可识别或分类。

3.黄色新闻文本的特点

在参考以往研究的基础上,根据研究目的对黄色新闻报道不端类型归纳如下:

(1)描述了"黄"的详细细节;

(2)将黄色新闻神秘化;

(3)使用耸人听闻的风格、渲染报道的风格;

(4)使用具有煽动性、耸人听闻的标题,或文本和标题信息不一致;

(5)关于黄色新闻的传播误解。

二、调查研究

(一)总量分布

从总体分布来看,本研究中三家媒体(网易、新浪、腾讯)样本总数为188篇,每个研究目标期间,黄色新闻在不同的网络媒体上的分发情况见表1。

表1 各网络媒体不同年度黄色新闻样本数量分布

网站	2017年篇数	2018年篇数	2019年篇数	合计篇数(百分比)
网易	18	23	19	60(31.91%)
新浪	21	19	24	64(34.04%)
腾讯	18	26	20	64(34.04%)
总计	57	68	63	188(100.0%)

备注：因表内百分数均为四舍五入后的结果,故无法保证各项之和为100%。

研究发现,黄色新闻在三家网络媒体中的分布差异不大。其中,新浪和腾讯新闻的黄色新闻报道数量多一些,各为64篇,各占样本总量的34.04%;网易的黄色新闻报道数量少一些,为60篇,占样本总量的31.91%;网易、新浪和腾讯三家网络媒体的黄色新闻报道总数均占样本总量的30%左右。

(二)黄色新闻内容表现形式的特征

在网络黄色新闻报道中,失当现象不仅存在,而且类型多样,需要引起警惕,详细类型见表2。

表2 黄色新闻报道不端的类型分布情况

黄色新闻中报道失当的类型	次数	比例(%)
描绘"黄色"细节	12	6.38
将黄色新闻神秘化	71	37.77
采用渲染的方式进行报道	39	20.74
使用煽情的标题或题文不一	60	31.91
传播其他有关黄色新闻的错误认识	6	3.19
合计	188	100

备注：因表内百分数均为四舍五入后的结果,故无法保证各项之和为100%。

三、思考与结论

本研究旨在分析网络黄色新闻的一些有利方面,察觉网络黄色新闻的一些弊端,观察讨论近年国内网络媒体对黄色新闻报道的态度与尺度以及其报道方式的演变,从而为如何提高网络黄色新闻的质量提供一些参考,提出一些意见或建议。

我们从以下几个方面进行了思考与讨论。

(一)黄色新闻报道的危害与弊端

1.色情暴力不绝于耳

我国部分网站热衷传播与性有关的新闻,比如,明星绯闻、婚外情等新闻在互联网上屡见不鲜,借批判的外衣,满足受众的窥探心理,试图利用人的本性与弱点进行挖掘,以此开拓市场。这样的新闻不能在更深的社会背景中揭示其根源,反而容易混淆视听,还有可能误导青少年走上不归路。

2.有损新闻真实性,危害媒体公信力

新闻报道必须反映客观事实的真相,遵循新闻真实性原则。媒体的公信力对媒体自身发展尤为重要。黄色新闻往往报道不实信息,违背了新闻真实性的原则。若被查实是谣传,媒体的公信力将受到严重损害,会因此失去受众,最终导致失败。

(二)"救赎":对黄色新闻报道的一些建议

首先,"事件性"的黄色新闻聚焦于事件过程,固然会引起受众热切的关注和强烈的兴趣,但是难以形成对待此类事件的理性态度。新闻传播应该形成一种积极的舆论导向,使受众重建积极的生活态度和健康心理,这要求媒体人秉持积极的传播态度,提升自身的传播素养。

其次,在黄色新闻消息来源的选择上,媒体人应深入实地,尽量接近新闻源。就要报道的事件,媒体人应和专家及专业人士共同探讨,对此类事件进行深度剖析。媒体不应该不顾版面位置对新闻报道的影响,把一些黄色新闻放置在头版或重要版面,应尽量避免将黄色新闻排布在显著的版面与版位。

最后,将黄色新闻事件的原因神秘化,容易误导受众产生错误的认识倾向。在被神秘化的黄色新闻报道中,受众认识不到事件真正的原因及其发展,这对新闻本源是一种扭曲。传播有关黄色新闻事件的错误认识,会导致模仿行为,致使犯罪率和色情暴力事件发生率上升。在对待黄色新闻事件的态度上,媒体应该引导受众将黄色新闻作为前车之鉴,警醒自己。

参考文献

[1]埃德温·埃默里,迈克尔·埃默里.美国新闻史:报业与政治、经济和社会潮流的关系[M].苏金琥,等译.北京:新华出版社,1982.

[2]靳继华,郑伟.试析我国网络媒体的黄色新闻趋势[J].长治学院学报,2011(6):67-69.

[3]景蕾,侯云洪,马占忠.网络新闻"黄色标题"浅析[J].石家庄职业技术学院学报,2010(4):69-71.

[4]赵玉岗.浅析如何正确评价"黄色新闻"[J].绥化学院学报,2011(6):74-76.

[5]张莹,张树楠.浅议网络黄色新闻之危害[J].商品与质量,2012(6):108-109.

[6]潘钧.我国网络时代背景下的"黄色新闻"[J].东南传播,2009(4):81-82.

〔肖军,贺州学院文化与传媒学院专任教师〕

浅析党报在新形势下的发展*

◎ 肖　军

Xiao Jun

摘要：如今，党报是一个年轻人略感生疏的媒体类型，这就不禁使人困惑，党报会不会在信息生态中处于边缘地位？一旦出现这种情况，党报就和其作为党的喉舌的重要属性不相匹配，于是，我们需要以客观的态度审视党报未来的发展。

关键词：党报；新形势；发展

党报历史由来已久，从新中国成立前的宣传机器到改革开放后逐渐强调信息属性，党报显然已经烙上了中国特色的印记。党报是我们党的喉舌，这是先决条件，任何从技术角度抑或市场角度谈党报的发展突围的言论都不可逾越这条红线。而如何在既定条件下推动党报的发展就需要一些智慧性的思考，首要的一步就是明晰当下的形势，顺势而为，方能逆流而上。

当前的形势总的来说表现为两点，一是技术，二是政策。随着Web2.0、大数据、4G和无线热点等技术条件的逐渐成熟，移动互联网

---

* 本文原载于《记者摇篮》2019年第1期第23～24页，收入本书时有改动。

的生态已经构建到一定水平,当人们的生活日益离不开智能手机和PAD等手持智能终端时,对于力图推动党报发展的有志之士,这一发展趋势是清晰而深刻的。时间资源和土地资源具有某种程度上的相似性,它们都是有限的资源,一天只有24小时,而用来通过媒体获取信息的时间又会压缩到个位数的时间内,党报的发展要在受众这有限的时间内精耕细作,就必须认清技术变革对受众生活的深刻影响。

政策方面主要是提出了让市场在资源配置中起决定性作用,并且以此为精神内核,辅之以一揽子的改革措施,包括简政放权、国企事业单位改革等,这些与党报生态息息相关,有强作用力的外部环境的变化势必对党报的发展产生重大影响。在党报系统中,如何让市场发挥作用,进行有效率的资源配置,对党报的发展同样有巨大影响。新媒体大发展时期,党报能否以及怎样抓住机遇同样是一个需要深入探讨的话题。

在我国的报业系统中,有党报、都市报、专业类报纸,其中党报地位最为重要。它不仅起到传播新闻信息的基本作用,而且负有宣传党的方针政策的重要责任,同时还在党群之间起到桥梁纽带的作用。因此,党的传统中,历来都十分重视党报的发展,几乎各级党委都有自己的党报,所谓"喉舌"就体现在这里。

党报要发展,就意味着党报并不是一成不变的。党报初期的作用是宣传党的方针政策和政治主张,教化工农群众,目的是形成最广泛的统一战线,达成政治目标。到了新中国成立初期,为了能够调动全国人民投身社会主义改造和建设中,党报又以报道经济信息为主。在十年"文革"期间,党报被某些利益集团利用,短暂地沦为政治斗争的工具,完全体现不出任何信息属性。拨乱反正后,党报发展又回归到正常轨道上来,尤其是《光明日报》的一篇《实践是检验真理的唯一标准》,凸显了党报在国家变革中思想先驱的作用。进入21世纪,互联网发展迅猛,其影响不可估量,在很短时间内互联网的信息量就远超传统媒体,党报的发展也面临新的挑战。

党报的发行以各级党政机关、国企事业单位及部分民营企业的订阅为主,因此,党报的发行量在互联网的冲击下并未像都市报等一样直线下滑。但是,我们需要静下来思考的是,作为一个理性的讲究有效传播效果的传播主体,党报的发行数量并不能完全等于其对社会产生的作用,相当部分的党报在城市中的报刊亭没有售卖,一般市民不能随意买到,他们只能通过微博、微信之类依托Web2.0的新媒体来倾听政府的声音。党报只定位于党政机关、国企事业单位,而放弃巨大的市场受众,这显然不利于党报影响力的塑造。

纸媒面对互联网冲击的现象,不仅发生在中国,世界各地都在发生。例如,近年来美国多家报纸停止纸质版发售,包括著名的老牌报纸《西雅图邮报》,而享誉世界的报业巨头《纽约时报》将停止纸质报纸发售专攻网络新闻的消息也一石激起千层浪。一些纸媒在新媒体的挑战下盲目地向新媒体靠拢,还有些纸媒依然固守"广播、电视没有灭亡报纸,所以互联网也不会灭亡报纸"的经验逻辑,拒绝探索纸媒变革道路。这两种思维都不利于党报的发展,积极探索利用新媒体发展纸媒尤其是党报的路径才是应该具有的态度。其实,党报在媒介系统中是有自身优势的,要想继续发展,强化自身优势是一个关键环节。

第一,持续性资源。党报作为党的喉舌,历来都受到高度重视,无论是经营层面的财政直接补贴,还是业务层面的在某些事件中的优先采访报道权,都是其他市场类报纸和新媒体无法比拟的优势,党报应该充分利用持续性资源来达到自身价值的最大化。

第二,周期出版规律。报纸独有的每24小时出版的规律相对于广播、电视、互联网而言,更符合人的生物钟规律。人的身体、行为和思想的需要,都有一个周期在起作用,人们并不是随时都能接受新闻信息,往往只在某一固定时间去主动接受信息,这种习惯是长时间养成的,而报纸的周期出版规律和这种习惯有某种契合的可能。对党报来说,这同样是一个可以利用的优势。

第三,版面编排。随着经济的发展,现代人时间的附加值很高,而互联网所带来的信息海洋使质量参差不齐的信息一齐呈现在受众眼前,如果用越发宝贵的时间去挑选质量参差不齐的信息显然是一种资源浪费。而党报作为纸媒,其清晰明确地将重要信息与次要信息进行块状分割式的编排能够节省受众挑选信息的时间,这是互联网这类条状的、按时间先后顺序排列信息的媒介所无法做到的。

第四,权威和高端的品质。党报作为党委宣传部的直属媒体,它的信息和观点直接代表党的声音,其权威性不言而喻。互联网充斥着海量信息,一时泥沙俱下,虚假信息对整个社会都有负面的影响。让受众自己分辨信息的真假无疑时间成本高昂,同时对知识性和技术性要求太高,多数受众无法达到,因此就需要有一个信息和言论权威的媒体代表社会主流价值观,党报可谓当仁不让,同时纸质媒体所独有的思想性也非广播电视互联网所具有的。党报的受众主要是党政机关、国企事业单位的领导干部,这些受众作为社会的中坚力量对国家的发展起着举足轻重的作用,从理论上讲,党报在这类人群中所起到的作用将产生扩散效应,进而间接影响到外部环境。因此,如何充分发挥在中高端人群中的作用也是党报进一步发展的题中应有之义。

尽管党报存在着诸多自身优势,但从现状来看,它的困窘之态已显露出来。所谓不破不立,如果我们不对新形势下党报存在的问题进行深入思考,那么要去推动党报的发展显然是一句毫无实际意义的话。本文着力于从党报内容附加值方面进行一些探讨。长期以来,党报都忽略内容的附加值,所谓内容附加值就是媒体生产的报道传达到受众后产生的一种增值效应,这种效应可以体现在物质上,比如根据报道内容调整自己的经营决策,获得价值回报,这种价值回报通常是可以衡量的。有调查发现,美国华尔街的精英每天必读《华尔街日报》,有的甚至将其放在工作日程的最前列。这不仅是因为《华尔街日报》有着令人着迷的叙述手法,更重要的是报纸上的信息将为这些精英的决策提供重要参考。一个显著表现就是在2008年金融危机下,《华尔街日报》的销量不但没有下降,反而逆势上扬。

内容附加值的效应还可以体现在精神上,读者通过阅读可以获得一种精神满足,这在当今碎片化信息泛滥的时代愈发显得珍贵。《南方周末》作为一份严肃的新闻周报在中国读者心中的地位一直很高,其销量也一直保持坚挺,这根本得益于它的文章里体现的人文关怀,读者读后能够产生一种心灵的归属感,这种用户黏性是它不易于被新媒体冲击的关键所在。反观现在的多数党报,报道的精神价值缺失,文章与文章之间、版面与版面之间断裂,难以形成党报所固有的特色,有的甚至成了文件、会议的集散地,让人读后头昏脑涨,遑论精神享受。

总之,新的形势下,党报除发挥自身优势之外,还要秉承内容为王的理念,做好报纸本身的内容。如此,不管形势如何改变,党报依旧可以立于不败之地。

参考文献

[1]龚莫菲,陈振华,陈燕.党报新媒体融合发展浅谈[J].新闻窗,2018(5):68-69.

[2]苏安静.刍议新时代城市党报融合发展策略[J].传播力研究,2018(29):83.

[3]潘燕.浅谈党报全媒体人才队伍的建设[J].新闻窗,2018(5):85.

〔肖军,贺州学院文化与传媒学院专任教师〕

新媒体时代的舆论监督引导

◎ 肖 军

Xiao Jun

摘要: 在新媒体的冲击下,舆论的生成和传播机制相较以往而言,发生了一系列的变化。新媒体时代下的信息传播、信息控制的难度都在发生着改变。人们正日益频繁地使用各种新媒体,以满足自身需求;人们在获取基本信息的同时,新媒体也渐渐地成长为展示信息、采集民意、表达意见的平台。近些年来,大量社会热点新闻事件中的公众舆论与新媒体的互动越来越密切,这也表明,新媒体正在不断地影响着公众舆论,而且态势日渐增强。

关键词: 新媒体;舆论;监督引导;新闻人

新媒体时代的媒介生态正在"以个人为传播主体"为模式,发生着根本性的改变。这个时代的新媒体以"为广大群众提供参与新闻信息的传受、进行舆论表达、引导舆论空间、拓展舆论渠道、形成舆论格局"为导向;这个时代的民众舆论表达,也呈现一定的无序性状态,平衡舆论表达与舆论引导之间的关系是克服这种无序性的一个有力手段。

---

* 本文原载于《声屏世界》2019年第7期第27~28页,收入本书时有改动。

为了优化舆论引导,要尊重大众,要敬畏舆论,更要服从舆论的传播规律。

一、新媒体对舆论格局产生的影响

新媒体平台已成为舆论生成的重要渠道,并且向所有人开放。公众可以在这个平台相对自由地表达意见和传达信息。快速传播的新媒体信息有良好的受众基础,受众的各种观点与对待各类事物的态度具有某种兼容性,这些都为舆论的生成奠定了有力的基础。例如,在官员腐败的情况下,一些网民抨击他们,一些网民冷静思考这些事件指向的各种问题。在新媒体中,非常积极的公众讨论、相互碰撞的各类观点共荣共生,使得舆论产生了一个重要的"温床"。

零散化的舆论主体正在受到新媒体浪潮的强力影响。大众作为舆论的主体,可以通过微博、微信、微头条对网站内容进行转赞评等,参与到社会公共事务的探讨当中,充分发挥大众的主动权与自主性。最初在各阶层坚守沉默的那类大众群体,也有了越来越多的机会能够在新媒体平台找到自己发言的席位,这更进一步使得舆论主体呈现零散化的新态势。

舆论渠道的多元化为新媒体受众的舆论表达提供了新可能,使他们有了一个可以自由讨论公共事件的空间。在这个空间,各种声音紧密地融合,一个新的舆论场也就此形成。多元化呈现的新媒体内容,使得舆论整合渠道也显示出多样性。受众可以通过微信、微头条、微博等个人社交软件,MSN、QQ等即时通信工具,针对社会热点以及公共话题提出自己的看法,多样化的沟通渠道让公众舆论的覆盖面更加广泛,舆论传播渠道的多元化趋势,将进一步增强舆论的影响力。

二、新媒体环境下舆论的特征

新媒体时代的媒体生态发生了根本性的变化。新媒体为公众提供了广泛的渠道,这个渠道可以分享新闻信息、生成舆论,舆论表达和舆论引导模式正在悄然变动着。

被称为草根的普通民众可以直接参与新闻和信息传播活动,每个人都可以成为一名"记者"或者"编辑",甚至每个人都可能成为"总编辑",新闻传播活动真正实现了基层化和非专业化;传播的新闻信息丰富多样,角度各不相同,充分体现了信息内容的多样性和公共性;传播新闻信息的渠道各异,"把关人"离线,成本低;传播过程中的主体和客体时常互换,传受双方之间的互动明显……这些都是新媒体生态的新变化。

媒体舆论引导的适配性在舆论的形成、传播和引导中变得越来越重要。新媒体已经打破了媒体稀缺资源只有少数人才能控制和使用的局面,普通人已成为舆论当中的重要主体。

舆论传播分散的趋势显而易见。与传统媒体不同,每个人都可以使用新媒体。"把关人"的缺失,使得大众发布的信息和意见是零散化和碎片化的。大众的齐声"喧闹"已成为舆论的共同景观,社会舆论也越来越难以控制。

舆论诉求的无序表达。中国进入新媒体时代后,舆论诉求迅速扩大。其中,人们的主观需求增加,这是因为社会结构的重组导致了社会主体的多样化,中国社会的一个显著变化是利益分配的差别化,以致诉求表达呈现无序化状态。

舆论表达的紧迫性经常与政府舆论引导的"遥远性"相对立,并与之形成冲突,使得舆论的一般形态经常面对舆论的非一般形态。因此,群体性事件频繁发生,舆论引导失效,加剧了舆论表达的混乱。

三、新媒体对电视等主流媒体的影响

电视媒体等主流媒体是制度化的媒体,舆论在此所表现的一般都是体制内的观点。大众很难自由表达对社会事件的意见,而新媒体不同,它是一个较为开放和自由的舆论平台,只要法律允许,任何人都能在这里自由发表意见,传播信息。在新的媒体环境下,电视等主流媒体的观念也应该有所改变。

1.掌握舆论主导权,积极发声

积极对舆论进行引导,使舆论沿着正确的方向行进。在这个过程中,形成有着正能量的积极健康的主流舆论,为维护社会持续的和平与长久的稳定作出贡献。

2.组建新媒体良性传播平台

建设良性的新媒体传播平台,能够在舆论引导的主体和客体之间实现较为平等且真实的对话,这也改变了传统舆论引导单向流通的现象。实现了真正的对话,传统主流媒体便可以在新闻中捕捉新媒体舆论,了解公众对具体公共事件的看法,根据舆论的具体情况积极设置新议题,科学地引导社会舆论。

3.增强舆论引导力度,提升主流媒体的公信力

新媒体时代,多元化渠道的信息传播趋势使得受众获取信息的方式更加多元化。有些重大新闻事件发生时,大多数人会选择一个具有强大公信力的媒体,从中获得更多信息。只有充分发挥深入调查、深入了解真相的强大作用,利用真相清除谣言,主流媒体才能在舆论中发挥主导作用,这也是提高媒体本身公信力的有效方法。新媒体时代的主流媒体要坚持正确的舆论原则,积极引导舆论走向。

四、预防和监控新媒体舆情的规范管理

新媒体通过传统媒体影响整个舆论,变革管理理念和充分利用新媒体渠道有利于新媒体与传统媒体的融合。新时代新媒体的舆论正在发生、发展,其重要地位也能通过民意体现。因此,新媒体已经成为一个新的社会环境监察的渠道。据此,政府相关部门应该创新管理

理念,积极利用这个新渠道了解民意。首先,提升用户的新媒体素养,使其对新媒体的相关知识更加了解,学会利用新媒体快捷、海量的信息,从而有效利用新媒体;其次,利用好社会对新媒体舆论深层含义的解释,在行为的公开表达中利用新媒体来引导舆论;最后,新媒体必须在尊重民意的同时,提高辨别民意的能力,既不阻碍信息传播的畅通,还应防止受到某些民意的"绑架"。

要着眼于发挥意见领袖的作用与互动的功能,引导新媒体确立专业的意见领袖,专注于特定领域,在专业和特定领域更加注重自己的权威。意见领袖互动有三种类型:与受影响人士互动;与传统媒体互动;意见领袖相互互动。与受影响人士的互动,要求意见领袖在其专业领域的权威经得起考验;与传统媒体的互动,要求意见领袖扩大自己的影响力,而不是局限在网络领域;意见领袖相互的互动,要求意见领袖之间应形成一种力量,使舆论的影响更大。

建设网络事件监测体系,健全网络舆情监测机制。构建从中央到地方,全方位覆盖的舆情监测系统,应针对公众自身管理,实施舆情监测。与此同时,建立与其他部门共享资源的链接,由点到线、由线到面,以形成一个完整的、多角度的体系。可以设置网络舆情中心,利用信息处理技术对网络事件进行精确的预警分析,也可以设置网络监测员,及时观测舆情动态,时刻保持与用户的互动,掌握热点事件和社会问题。

巩固新媒体和公共管理的法治建设,营造公民在网络环境中有序参与的环境。加强新媒体舆论的法治建设,是保护公民言论自由、规范公民行为、防止侵犯公民合法权益的有效手段。建立和完善新媒体管理的法律和法规,推进建设和管理新时代社交媒体的虚拟社会法制进程,使新媒体和传统媒体舆论监督携手合作,营造良好的舆论环境。

五、结语

在新媒体管理法治化的进程中,公众的法律意识也应当同步提升。新时代媒体的舆论监督离不开法制的约束,每个公民法治观念与法律意识的提高都将推动新时代媒体舆情监督的发展。每个网民都应该关注新媒体舆论,配合新媒体舆情的规范化和法治化进程,做一个合格的新媒体时代的新网民;媒体工作者应该洁身自好,积极正确地引导受众,成为一个合格的新时代媒体的新闻人。

参考文献

[1] 陈力升.舆论学:舆论导向研究[M].上海:上海交通大学出版社,2012.

[2] 李庆年.从《新闻 1+1》看主流媒体的舆论引导[J].青年记者,2011(8):41.

[3] 马原.新媒体舆论监督的社会风险放大效应研究[J].声屏世界,2009(11):51-52.

[4] 杨鹏."网络舆论"面临几重危机[J].人民论坛,2011(22):56-57.

[5] 李骏.论我国新媒体舆论监督的兴起与改进措施[J].浙江树人大学学报(人文社会科学版),2011(4):70-75.

[6] 童兵.新媒体时代舆论表达和舆论引导新格局[J].新媒体与社会,2015(1):39-44.

[7] 高乔婕.《湖南日报》社会新闻舆论引导研究[D].湘潭:湘潭大学,2017.

〔肖军,贺州学院文化与传媒学院专任教师〕

女性新闻发言人与中国国家形象的国际传播研究*

◎ 肖 军

Xiao Jun

摘要：新闻发言人制度对国家形象的国际传播有着重要的影响，在全球化和网络社会的背景下，这种作用将被放大。性别作为国际传播中的一个重要变量，对传播效果产生很大影响。在新闻发言人中，女性长期处于弱势地位，这很不利于国家形象的塑造。本文对女性新闻发言人的信息传播效果、符号传播效果和形象塑造效果进行分析，以阐释女性新闻发言人在国家形象的国际传播中的独特优势。

关键词：新闻发言人；女性；国家形象；国际传播

随着中国发言人制度不断常态化、规范化，其在塑造国家形象方面的作用更为突出。在国际传播中，新闻发言人制度是一种重要的制度设计，这种制度可以有效避免信息不对称造成对一国形象的误读和误解；可以有效规避国际话语权处于弱势地位的问题，为政府树立良好的国际形象；也可以借助国外主流媒体的二次传播，扩大自身的影

---

* 本文原载于《视听》2019年第1期第177～178页，收入本书时有改动。

响力。性别是新闻发言人制度中一个长期被忽视的变量。本文从女性的视角出发,通过探讨女性与传播的关系,来展示女性发言人的传播效能、符号效能和形象效能。女性主义和女性的社会性别是社会学等学科中备受关注的问题,但本文只关注作为传播修饰的女性角色,把女性的生理性别和社会性别置于平衡的构架中进行考察,这是发言人职业的内在要求,也是国家形象的指向。

一、全球影像可视化时代下的发言人制度构建

在全球化传播的新时代,信息的传播已经跨越了种族、国界,进入全球性的互动生产当中。同时,数字时代的来临,使世界进入了一个全新的影像时代。我们的存在样态、生活方式都被视觉化,然后再进行传播。的确,在一个媒体构筑的全球可视化社会中,权力不再是躲在议会厅中少数人的特权游戏。全民以一种不在场的方式参与到权力的运作中,信息与权力之间是相互表演的,并且乐此不疲。

现代媒体的一个特征是精心组织并呈现事件,我们接收到的媒体信息从某种意义上讲,是进行展示的主体与被展示的客体之间的合谋、背离与曲解的过程。国际各大媒体在流动性中把事件从发生地点抽象出来,然后重新"洗牌"再流动。中国社会正处在这样一种期望和想象当中,即被最大化地展示。这种展示未必是真实状态的显露,它是被精心组织和策划后的呈现,而它的核心便指向了具体形象。

发言人制度是高度被展示的机制,它虽然不是现代传媒的产物,却显露着现代媒介时代最明显的特征:全球性和可视化。随着发言人信息传播制度逐渐稳定并成熟,发言人制度不可避免地形成了自己的边界和形状,其中,既包括发言人的专业规范、职业伦理,也包括它的语法规则、展示形态。它的每一次细小微弱的改变,都可能在全球可视的时代被无限放大,都有可能形成多米诺效应,所引起的震动不仅

局限于自身,而且会以一种奇妙的力量向全球扩散。以"新闻发言人"为例,在可视化媒体中,人的身体也变得可视化,因此,人的性别是被瞬间呈现和认知的。它会在一个稳定的结构中形成某种张力,释放出更多与主体的内在性无关的信息。我们要注意,这是一种弱化了的性别特征,在一个规范专业的发言人制度中,性别只是它所有属性中直接被呈现的一种,而不是起决定作用的一种。因为它的整个角色塑造和印象管理都是围绕着"新闻发言人"这个组织角色展开的。

二、新闻发言人制度中的性别现状

傅莹,曾经作为第一位全国人民代表大会女性发言人登上了展示中国的舞台,从某种意义上来说,两会的新闻发言人代表了中国新闻发言人的最高水平,因此,在新闻发言人的历史上这是一次具有标志性的事件。从1983年开始至今,新闻发言人制度在中国确立的三十余年里,涌现出许多优秀的女性发言人,特别是最近几年,在相当高层次的发言人平台上都能看到女性的身影:外交部发言人华春莹、卫生部发言人宋树立、中国航天工程首位女性新闻发言人武平、上海市政府新闻发言人焦扬等。但是,数量上的动态增长,并不能掩盖行业内女性弱势地位的问题。虽然女性已经可以比较容易地进入媒介生产和制作领域,但对于女性的某种性别歧视并没有消失,而是以一种更为隐蔽的方式存在着。

女性权力的社会平等和传播学中女性的主体性构建是非常重要的问题,但是,在国家形象塑造中,我们更关心女性作为传播者对信息传播的效能。在此,我们把女性作为传播的修饰并不是贬低女性的地位,而是为了更好地指向我们研究的问题。女性在传播中具有特殊的效能,并不意味着在新闻发布的平台上就优胜于男性,她所有的意义均产生于同等能量级平台上男女性别的对比。因此,它和消费文化中女性特征被强烈展示不一样。它是一种积极的构建,我们看到的关系不是女性—男性的二元对立,而是女性传播者与接受者的良性互动。虽然女性发言人和男性发言人说着同样一种语言——"政治",但是传播的效果会有所不同。并不是因为女性在绝对量上优于男性,而是她们所具有的传播效果、符号效果、形象效果和男性是有差别的,提高女性发言人的地位使性别趋向平衡是有利于塑造国家形象的。

三、女性新闻发言人在国家形象构建中的传播效果分析

新闻发布会的现场是一个独特的空间,它不是信息集市,而是信息拍卖行。新闻发言人的角色是明确而多重的,需要符合空间结构定位、社会角色定位和组织系统定位,并在规约的系统中赋予符号新的意义,它是一套符号化的社会实践。前文说到,性别是其中一个重要变量,它的符号化可视性特征会深刻影响传播的效果。国家形象是形式与内容的统一体,它不仅在于通过符号展示什么形象,对外传递什么内容也至关重要。女性传播者在进行传播时,她们的思维习惯、体态、表达方式等与男性传播者都有明显的区别。这样的区别使得女性有了自己独有的传播习惯与传播方式,受传者所接收到的信息与传播效果也会有所差别。

(一)女性信息传播效果

对外传递清晰、明确的信息是对新闻发言人基本的要求。在满足基本要求的前提下,男女新闻发言人的性别差异对信息的传播效果是有影响的,女性在某些方面具备独有的优势。这种差异既是生物学和解剖学上的生理性别造成的,也是社会构建中男性与女性的社会性别造成的。

1.对女性更加宽容

社会文化的不断融合与分化,形成了两性差异,这也是社会文化对于两性的区别要求与不同期许值所带来的。有时候这种差异性对待未必是坏事,媒体对女性新闻发言人可能更加宽容,当遇到回答不

了的问题时,女性只要坦诚以对,是容易获得谅解的。同时,相对于男性,女性遭到刁难的机会也会少很多。

2.善于和媒体形成良性互动

女性在交流中更容易投入情感,对于公众的异常目光与反面提问,往往能够换位思考、细致回答、缓和矛盾、均衡利益,从而遏制一些不良事态的继续发展。特别是在面临危机时,这种善于和媒体互动的特质,更容易化解危机,似乎人们对女性的信任度也更高一些。

3.风格转换的张力更大

在国际一些主流媒体眼中,中国的政府形象多是负面的,表现为体制落后、民主不健全、政务不透明等,对于这些歪曲事实的报道与解读,应该给予掷地有声的回应。女性既可以在必要的时候铿锵有力,展示出威慑力,也能够用温柔的姿态向外界表达善意。与女性相比,男性大多不能表现出柔和温婉,性别赋予他们的风格转换是缺乏张力的。

(二)符号传播效果

发言人既是信息的传播者和形象的塑造者,也是形象的传播载体。在传播符号的时候,发言人自己也成为被传播的符号:女性新闻发言人在讲话的同时,话也在讲她。这里的符号包括语言符号和非语言符号两类。

1.语言符号

物质形式有差异的声音音响会对接受者造成不同的心理印象,其传播效果也会不同。女性的音频一般会偏高,听起来清晰,语调上也更加悦耳动听,富有感情,这种带有个性的特质,使音响形象对信息的接受产生良性的作用,其实就是符号的能指越清晰和越富有弹性,所指就越能为人所理解和接受。

并且,女性倾向于选择那些适宜被人接受的词语,即便一些生硬的外交辞令,从她们口中说出来也更容易被接受。在某种程度上,语言是一种身份制度,在这种制度中,人们有了一个身份,叫语言身份,语言的意义便是对这个身份的一种自我表达。如果从性别上划分,女性的语言也表征着她们的身份。词的物质材料和概念内涵共同构成了女性言语表达的特点。

2.非语言符号

非语言符号是指人类自然传播手段中的各种非语言手段,比如眼神、表情、姿势、身体动作以及服饰等。女性的非语言符号相对男性更容易引起关注和讨论。女性发言人的风格是某种主体性特征的直接表现,作为表现性的符号系统,它的意指更加丰富。我们选择三个典型的非语言符号系统来考察女性非语言符号与国家形象之间某种直接或隐秘的关系。

(1)服饰。由于服饰丰富的样式和颜色所组成的符号系统对于女性而言有着重要的符号意义,服饰在女性新闻发言人那里成为自然对象或能指物,回应自身形象、所代表组织的形象甚至国家形象,因此,作为与国家形象相呼应的符号系统,服饰已经跳出了简单化的实用意义域,而进入丰富的象征性中。这时作为文化物的服饰,便因其社会本质而拥有一种语义使命,当真实服装被转译为书写服装和意象服装时,它们在不同媒介的表现下就会形成意义的互构,并且在传播过程中会形成多重转译。

(2)表情。在一个职业化的空间中很容易训练出职业的表情,因此人的表情会衍生成为组织的表情。当表情被符号化后呈现在媒介中,实际上就是这个组织态度、情绪、心情的影像外化。女性新闻发言人的表情处于一个丰富的意涵系统之中,她们能在不同的表情中自由转换,同时用表情传达出更多可视化的信息。

(3)姿势。姿势有时候是一个人修养的体现,但是被嵌入特殊的时空中,它依然具有系统和结构的表意功能。女性在姿势的塑造上会更注重细节,这种微乎其微的东西具有改变一切的力量,当细节被展示,会给一场严肃的新闻发布会增加一些性别带来的亮点,赋予这场"秀"以独特的个人气质。当它依照自身的系统和组织原则进行表述时,不但不会遮盖组织目标,反而会赋予形象一种极大的语义权力。

(三)形象塑造效果

女性站上新闻发言人的舞台本身就是一种形象的塑造,这种形象是指涉个人—国家的象征性形象,象征性形象在国际关系中显得尤为重要。因此,作为国家形象的某种象征,女性会给人带来一种天然的信任感和安全感,女性新闻发言人会向外界传达出中国刚柔并济的对外战略。同时,女性的人性和个性的特征更强,更有利于向外界展示中国自信、民主、开放、文明的国家形象。

四、结语

在一个主要由男性控制的组织机构中,女性的出现或许只是为了起到某种形式上的平衡作用,然而,女性具有自身独特的传播优势,对女性角色的忽视会影响到对外形象传播。因此,我们应该更加强化女性作为传播者的主体性地位,完成其从边缘地位到中心舞台的置换。在未来的国际传播舞台上,随着我国对于国家形象提出更高标准的要求,将会有更多女性走进人们的视野,走上新闻发言人的大舞台,向世界展示内涵更加丰富、社会更加文明、信息更加透明的中国形象。

参考文献

[1] 杨建国.透明政府视域下政府新闻发言人制度建构[J].东北大学学报(社会科学版),2010(1):46-51.

[2] 褚矞诡,邹煜.性别与传播效果:解码女性传播者的传播优势[J].现代传播(中国传媒大学学报),2011(6):142-143.

[3] 李薇薇.女性新闻发言人的特点与优势[J].公关世界,2011(4):64-65.

[4] 刘光磊.论奥斯卡获奖电影《时时刻刻》的非语言符号传播[J].新闻界,2010(3):23-25.

〔肖军,贺州学院文化与传媒学院专任教师〕

从《传奇故事》看农村受众的媒介接触心理*

◎ 肖 军

Xiao Jun

摘要:江西卫视的故事化电视栏目《传奇故事》从开播至今,似乎真的造就了一个收视传奇。在市场经济的大背景下,农村受众的心理需求和媒介接触习惯随着媒介的多元化而在悄悄发生着改变,变得极具选择性。如何把握这一特点,进行媒介的农村传播,对于媒介发展十分重要。

关键词:传奇故事;受众;传播;接触心理特点

2005年开播的《传奇故事》,从开播至今,以其独到的栏目定位和完整的叙事结构引起人们的关注,得到观众的认可,创造了一个收视传奇。《传奇故事》是一档模式化节目的成功典范,究其主要原因,还是在坚持新闻真实性的基础上,抓住了受众的媒介接触心理特点,从而获得了良好的实际传播效果。

通过整合全国素材,《传奇故事》实现了影响力的增值。将一些已被证明具有社会影响力的新闻资源转移、嫁接过来,深化了节目的可

---

* 本文原载于《传播与版权》2015年第4期第81~82页,收入本书时有改动。

看性。在经过积极创造、加工之后，使素材效果最优化。《传奇故事》在展现离奇与迷离的故事过程中将人间冷暖与爱恨情仇放大，实现了电视画面与观众的互动以及新闻素材的效果最大化。

一、当今受众信息需求的特点与新变化

当今受众的信息需求有以下三个特点。

第一个是宽泛性。宽泛性是指受众成员在地域分布上的宽泛性，新闻传播的高度开放性和由之而来的受众的广泛性是其他传媒难以比拟的。

第二个是混合性。这既给新闻媒介满足受众需要带来了相当的难度，同时也为新闻发展的多样性奠定了受众基础。

第三个是隐秘性。在总体上，受众对于新闻传播媒介来说，是不打照面的，以一种隐秘的方式存在。无论是受众自身还是相关的信息需求，都出现了许多新的趋势和特点。

第一，随着市场经济的推进，受众也在追求新的、变换着的信息。当今的中国受众，求知欲更强，敏感度更高，这给新闻媒介带来了良好的机遇。

第二，市场经济体制在转轨，决策主体在增加，这对新闻媒介有一个显著的启示：在市场经济确立的过程中，从提供硬性的决策参考信息方面来讲，新闻媒介大有一番作为。

第三，受众的信息需求变得多元，小众化与分众化明显。媒介要充分考虑多元群体的多元需求，实行分流发展策略，在不同层次上满足受众的多元化信息需求。

鉴于《传奇故事》取得的收视"传奇"和农村受众的良好反应，我们需要对农村受众的媒介接触心理做一个深入了解，更好地为媒介的功能定位和受众定位找到理论根据，促进媒介的发展。

二、农村受众的媒介接触行为研究

受众从宏观上来讲是一个庞大的集合体,从微观上来看又表现为具有社会多样性的形形色色的个人。在当今社会,大众媒介与每个人的生活都息息相关,人们每天或多或少都会接触到大众媒介。从这个方面来说,值得一提的是著名的"使用与满足理论"。也就是说,把受众看成有一定"需求"的个人,而他们的媒介接触行为可以被看成基于这个特定需求的动机去"使用"媒介,从而使得这些需求得到"满足"的过程。

鉴于此,笔者对受众的媒介接触习惯做了一个简单的农村市场调查。在整个调查中,将诸如《传奇故事》之类的故事类节目穿插始终(提示这档节目的存在及其与同类节目的比较,作出选择)。

作为一个农业大国,在农村变革的进程中,大众媒介扮演着十分重要的角色。现如今中国农村的媒介环境也在悄悄地发生着巨大变化,那么农村受众媒介接触习惯又有哪些新的特点呢?

本调查选取了江西省吉安市洲下村、山西省襄垣县堡底村、广西南宁市杨美村作为调查对象。依据分层抽样与随机抽样的原则与方法,把年龄控制在16到65岁之间,共获得有效调查问卷84份。

调查显示,观众几乎每天都接触的具有稳定性的电视节目比率约为70%,其中,爱好《传奇故事》类电视新闻节目者居大部分,占75%以上;在接触频度上,电视最广,报纸次之,广播最低。

1. 农村受众媒介接触范式

本次调查发现,随着人民生活水平的提高和网络媒体的兴起,传统媒体中的电视和新媒体的网络是农村受众进行媒介接触的首选媒介,呈现电视>网络>广播>报纸的范式。

2. 接触目的不再聚焦娱乐消遣

调查显示,获得知识和了解国家大事的目的居于前列。总体而言,受众对国内、国际、本地新闻的接触频率都排在较前位置。这表明,当代农村受众的观念向现代化迈进了一大步。对了解国内外大事件的极大渴求,表明伴随着我国经济政治的发展,尤其是农村经济的发展,我国广大农民已开始关注外面的世界,希望了解天下大事,走向开放。而作为大家了解外面世界的一个窗口,《传奇故事》之类的故事新闻类节目收视率节节攀升。本调查主要以传统媒体为调查对象,详情见表1。

表1 农村受众的媒介接触动机(单位:%)

媒体	了解国内外大事	方便自身生活	把握社会动态	增长见识	促进工作及其他
报纸	76	66	52	49	30
广播	71	65	54	60	52
电视	72	63	53	49	35

3.网络媒介接触不断增加

此次调查显示,农村受众的网络接触在不断增加,接触频率约为39%,主要集中在年轻人当中,教育程度影响其接触频率。有研究表明,中国网民中,农村人口在18～35岁之间的,多数受过高中教育或高等教育,以男性为多数。

从某种意义来讲,好的新闻事实是可遇不可求的,机会也是稍纵即逝的,如果没有良好的新闻敏感与敢于创新的勇气,新闻报道就不能收获好的成果。而《传奇故事》正是以一种新闻的眼光在讲故事,这种模式更适合广大农村人的消费观念,尤其是年龄在40岁以上的农村人口。

以电视节目为例:从受众本身来看,基于现代社会新事物与新问题不断增多的背景,受众比以往任何时候都越来越需要了解信息的含义,迫切需要对事物进行辨析与判断。

现今社会,人们的工作生活都比较紧张、忙碌,公众的"问讯"需求不断增加,在这种情况下,各大电视台纷纷加大对新闻节目的投入或更改节目的版本,新闻节目如雨后春笋般涌现出来。我国的电视新闻随着时间的推移不断发生变化,不仅央视和党政类新闻机构加大了对民生的关注,地方台也开始真正关心民生类新闻,如江西卫视(《传奇故事》)等。

所以,坚持栏目的战略定位,明确大目标和大方向,及时完成节目的重组与转型,就能够赢得更大的发展空间,创造电视新闻的新标杆,取得新突破。

三、《传奇故事》,成功典型

当下中国热播的电视节目一般有这样的特点:由于其旺盛的人气而难以给其分类。《传奇故事》也是如此,只能运用描述性的语言对其定性。《传奇故事》选取了当今社会富有中国特色的具有转型特征的典型事件与典型人物,通过主持人的个性化讲解与点评,形象生动地展现了当今社会的百态。主持人以第三人称进行故事讲述,这个过程夹叙夹议,叙述与评论来回变换,并且,这种变换显得很自然。

《传奇故事》在节目中将一些固有观念敲碎,重新构建价值观,这使得该节目有着较强的吸引力和竞争力。开播不久,《传奇故事》就迅速占领市场,成为一档热播的电视新闻节目,这也是中国电视界走入市场化时代的明证。该节目开播以来,在江西和全国主要地区都表现出良好的收视态势。可以说,《传奇故事》是一档模式化节目运营的成功范例,其以策划和编辑为工作重点的工作方式及其对全国特别是本省主流人群的较强吸引力的精品策略值得大家重视。

四、结语

最后我们要说明的一点是,《传奇故事》紧扣生活素材,精耕细作且卓有成效,给电视节目生产开辟了一条新路子,然而这不意味着我们就可以忽略其他一些重要因素。

在以后的节目实践当中,我们应该建立一个迅速的反应机制,同步赋予新闻资讯以时效性与深刻性,不仅使得受众觉得这档节目有可视性,而且让受众觉得有必视性。如此,《传奇故事》等电视新闻类节目必定能够再上一个新的台阶。

对于其他媒介,同样的挑战,也是同样的机遇。只有从受众角度出发,以独特的视角和不凡的观点引领主流价值观,才能在这个受众大市场上有所作为,立于不败之地。

参考文献

[1] 李良荣.新闻学概论[M].上海:复旦大学出版社,2011.

[2] 郭庆光.传播学教程[M].北京:中国人民大学出版社,2011.

[3] 曾洁.农村受众广告媒介接触行为实证调查[J].广告大观(理论版),2007(3):16-21.

[4] 刘艳.受众媒介使用动机[J].当代传播,2005(1):58-59.

[5] 文卫华.从"媒介接触"到"受众参与"[D].北京:北京交通大学,2012.

[6] 黄海星.《传奇故事》的题材优势和深度开掘[J].中国广播电视学刊,2006(2):45-47.

〔肖军,贺州学院文化与传媒学院专任教师〕

大学生的媒介接触习惯探究*
——以《传奇故事》为例

◎ 肖 军

Xiao Jun

摘要：江西卫视的《传奇故事》栏目，自开播以来，就获得良好的口碑，造就了收视奇迹。市场经济浪潮下，受众的认知需求和媒介接触习惯随着媒介的多元而变得富有自主性，受众的媒介接触行为对传媒的生存也相应地提出了新的挑战。而大学生群体是媒介接触者中极为重要的一个群体，传媒在进行功能定位与受众定位时，必须充分考虑大学生这个群体的心理特点，进行自己的特色传播。

关键词：大学生；传奇故事；媒介接触

《传奇故事》是由金飞主播的一档新闻节目，它选取了我国社会时下有转型特点的故事，深刻揭露了社会价值观的断层现状，是一档具有积极社会意义的电视栏目。这档富有个性色彩的新闻节目，选材严肃、活泼，深入挖掘故事结构，在开播不久之后就受到了广大观众的热烈欢迎。

---

* 本文原载于《新闻世界》2015年第5期第200～201页，收入本书时有改动。

《传奇故事》从开播之日起,就在刷新着栏目的收视传奇,除具有很强的受众影响力之外,《传奇故事》还富有广泛的社会感染力,受众通过这档栏目,形成了乐观积极的人生价值观,在对节目产生强烈共鸣的同时,也对自己的人生有了进一步的认识,并由此增强了自身的社会使命感与社会责任感。

这种现象值得我们对其进行研究,通过探究大学生的媒介接触习惯,分析其成功的一些原因,指导媒介更好地发展。大学生处在身体与心理都在发展的关键时期,人生观与价值观正在不断走向成熟,媒介的影响力在大学生的成长过程中发挥着不可或缺的作用。以大学生受众接受习惯和心理特点调查报告为基础,可以更深入地分析出大学生媒介接触的心理特点。

一、问卷设计与数据调查

(1)采集样本调查主要在华东师大、武汉大学、长治学院、井冈山大学、华北机电学院等开展。主要以本科生为对象,包含专科生与高职学生。在样本的采集过程中,注意了男女生、城乡生、文化生与特长生的正常比例调整。

(2)设计调查问卷:本次调查采用问卷方式,共设置15题,以大学生对媒介接触的内容、目的、种类以及大学生受众对媒介的信息内容理解和对自身的影响等为主要调查内容,分析大学生对媒介舆论导向功能的认识。

(3)核对调查问卷后进行系统分析,处理数据。

二、调查实证分析大学生受众的媒介接触种类与时间

(一)接触种类主要以手机、网络与电视为主

大学生受众的媒介接触种类以手机、网络与电视为主,其中,接触频率最高的为手机,约有80%以上的学生每天都能接触;电视是大学

生受众比较少接触的媒介,他们主要观看网络电视或者在食堂等公共场合少量观看。对于放假在家的大学生,电视接触率略高,像《传奇故事》这类故事类新闻电视节目,虽然接触的大学生不多,但在大学生中的口碑普遍较好。

(二)主要通过手机和网络获取有效信息

调查发现,手机和网络是大学生获取信息的主要媒介,尤其是智能手机兴起以来,手机的地位更是不断提高。60%以上的大学生认为手机是获取信息的最主要媒介,手机是一种较为易得且能实时获取信息的工具。其次是以电脑为主的网络,呼声也极高,约为55%。

(三)部分学生网络成瘾

网络成瘾的学生表现出如下人格特点:喜欢独处,性格敏感,一切行为依据都要从网络中寻找,不服从社会行为规范而服从网络舆论等。甚至有4%左右的人孤僻、抑郁、精神萎靡,严重影响了学习与生活。

通过分析得出,基本上所有大学生都有网络媒体接触行为,大专生、高职生、体育艺术生尤为明显,他们与各媒体的接触率都比较高。故事类节目、言情类节目等在大学生群体中都有较广泛的受众。尤其是综艺、故事、益智类节目,在大学生群体中占据大部分受众,约为85%。其中增长知识与娱乐消遣为大学生媒介接触的主要目的,诸如《传奇故事》这类节目占据相当大的一部分比例,这也是一个"使用"与"满足"的过程。

研究发现,超过58%的学生观看节目是为了"关注社会",大约56%的学生是为了"获取生活讯息"。这也与我们的调查初衷有一个契合点,说明大学生的社会责任感在不断增强,渴求不断变化的社会信息,因为不管是社会信息还是生活资讯,在《传奇故事》这类节目中都会有很好的表现和阐述。

三、对媒介的认知和理解

(一)对媒体传播信息的有效把握

研究发现,知晓新闻导语与标题作用的大学生占61%,这表明大部分学生对新闻信息具备一定的处理能力。鉴于其在媒介使用过程中对传播内容与方式作出的评价,我们发现大学生的媒介评价能力还有待进一步强化。

(二)媒介批判能力

作为一项衡量受众认知水平的重要标准,媒介批判能力也是受众媒介素养非常重要的一个方面。以《传奇故事》为例,13%的大学生认为媒介的干预不能真切解决社会现实问题,约有62%的大学生认为媒介的干预不一定能解决社会现实问题,从中可以看出新时代的大学生对媒介社会功能有了新的理性的认识,认为现实社会中的很多问题并不能单纯依靠媒介的干预来解决,不过媒介确实起着一个很重要的作用;同时,大学生认为媒介干预有必要性的占68%,认为电视媒介播出影响较大的占54%,喜欢接触与自身生活相关的媒介节目的高达93%,这表明,大学生的媒介接触习惯也时不时地与自身的生活挂钩。

(三)媒介素养水平

此次调查还发现,在与媒介的互动关系中,认为自己能主动地去获取媒介信息的大学生占大部分,只有约18%的大学生是在被动地接受媒介信息,还有不少大学生能够利用媒介平台表达自己的观点,表现出相当的媒介素养。

(四)媒介认同程度

调查显示,对于媒介信息,只有11%的大学生表现出不信任态度,约有31%的大学生比较信任,大约60%的大学生表示基本信任。可以看出,大多数大学生受众的媒介认同程度较高,能区别开"真实现实"与"拟态环境"。但是,随着传播媒介趋于大众化,诸如信息泛滥等现状,在很大程度上已经影响到了大学生对媒介的认同与信心,产生了不信任心理。调查还发现,大学生对媒介的信任度最高的是电视,报纸、广播接触较少,但是对其信任度其次,最后才是手机与网络。

这对于故事新闻类节目而言既值得欣喜,又值得忧虑,给此类节目提出了新的挑战:怎样提升受众的信任度?怎样让受众消除心理戒备?这两点非常重要。

《传奇故事》的成功之处最主要还是因为始终坚持了新闻的真实性原则,以独特的故事性特点,加上主播的个性化点评,运用精美的电视新闻语言,迎合了受众的需求。故事原来的面貌得到了最真实的保证,并且使得原来的故事可以被解构、被告知。根据剧情的精彩程度、故事蔓延的程度,解说员破坏故事有关的高潮,完成漂亮的任意片段间的拼接与整合。

正是这样一种注重对内容的深度解读、注重资讯背后的故事、引发受众的共鸣和思考的传播方式,与大学生的媒介认知与认同基本一致。也正是如此,《传奇故事》才能获得成功,成为电视栏目市场上的一匹黑马,占据一席之地。

参考文献

[1] 冉攀.故事类电视节目《传奇故事》的媒介文化探究[D].长春:东北师范大学,2011.

[2] 靳智伟.《传奇故事》与电视模式化运营[J].中国广播电视学刊,2006(2):43-45.

[3] 许志晖.品鉴《传奇故事》[J].中国电视,2009(3):21-22,82.

[4] 孙宽宁,张冠文.初中生与高中生媒介接触行为对比研究[J].江西教育科研,2007(2):64-67.

[5] 周柳明.在校大学生媒介素养现状研究[D].武汉:华中农业大学,2009.

[6] 肖军.从《传奇故事》看农村受众的媒介接触心理[J].传播与版权,2015

(4):81-82.

[7]肖军,李昊阳.城市受众媒介接触心理调查:以江西卫视《传奇故事》为例[J].新闻研究导刊,2015(9):214.

〔肖军,贺州学院文化与传媒学院专任教师〕

沉浸式新闻:虚拟现实浪潮下的新闻报道方式革命*

◎ 聂有兵

Nie Youbing

摘要:虚拟现实技术面临革命性的普及化前夜,新闻报道方式在新媒体中不断嬗变。在虚拟现实背景下,最具潜力的新闻革命是沉浸式新闻,即虚拟现实新闻。沉浸式新闻在报道方式上与传统新闻报道完全不同,大大增强了新闻受众的体验,是未来新闻报道方式发展的重大方向之一。因此,有必要对沉浸式新闻进行初步的分析,探讨其特性、特征以及局限性。

关键词:虚拟现实;新闻报道;沉浸式新闻

一、什么是沉浸式新闻?

虚拟现实是利用3D环境以及可穿戴显示器提供给受众一个模拟真实世界行为方式的体验式的环境,即人造的一种场景再现,不同于以往任何媒体的平面阅读方式,人是沉浸其中的。沉浸式新闻(Immersive journalism)是虚拟现实范畴内的一个新兴领域,是以第一人

---

* 本文原载于《新闻研究导刊》2016年第19期第111页,收入本书时有改动。

称的视角进行新闻报道或播放新闻纪录片,它使用 3D 游戏和虚拟现实技术给使用者创造了一种"存在感",能够使其亲身经历事件发生的过程。

2014 年洛杉矶独立游戏展 IndieCade 上首次出现了沉浸式新闻软硬件综合系统,此系统由一个记者团队开发,项目名为"Use of Force",即"武力使用",其展示的新闻案例为 2010 年美国联邦调查局官员开枪杀死墨西哥非法移民的事件。

在这个沉浸式新闻事件中,受众需要戴上虚拟现实设备即头戴式显示器来"目睹"整个新闻事件发生的过程,并手持一个虚拟手机对新闻事件进行 60 秒的手机录像以增强目击体验。

客观地说,这个案例展示的沉浸式新闻的场景是通过 3D、CG 技术的结合构建的,这些技术并无难度,早已在电影、制造、设计等工业和民用领域普及。但将其同时应用于"新闻"和"虚拟现实"领域,则是新闻行业的一个重大创新。以最为普及的 3D 电子游戏为例,通常人们玩 3D 游戏是通过电脑和电视的平面屏幕,而使用虚拟现实设备后,受众便有了沉浸感;将其应用到新闻现场,重现新近发生的社会事件,则可以给人一种接近新闻现场的感受,提高了新闻的冲击力,使目击者受到震撼,从而对事件本身的态度发生改变,增强了新闻的社会价值观传播的力度。同时,对新闻现场的沉浸式体验,可以有效地消除文字和平面影像带来的扭曲,更为精确地还原事实本身,接近新闻的本质。就文字新闻而言,记者在报道新闻的时候,使用的语言文字描述容易带有自身的习惯或倾向性,包括文字语言可能带有的歧义、多义,以及作为受众对同一词、同一句的不同理解,即使这种对同一文字描述的理解的差异非常微弱,也可能造成最终理解和受众意见的完全不同。电视新闻虽以图像和声音为基础,消除了这种语义上的差异,但电视新闻的剪辑本身也是对事件的价值观的体现。对不同镜头的组接方式以及排序,也可能掺杂有新闻编辑的主观态度。另外,电视新闻对突发事件的报道往往是在事件发生后的补充报道,如果突发事件持续时间非常短暂,则无法进行事件进行时的记录。虚拟现实环境下的沉浸式新闻报道则为人们提供了复原新闻场景的重要功能,这一点是电视新闻无法企及的。而且沉浸式新闻不存在镜头组接的问题,这就可以排除新闻记者和编辑的主观介入。

二、沉浸式新闻的局限性

然而,沉浸式新闻也存在局限性:第一是拟真度还需要提高,而提高拟真度的代价是增加软件和硬件以及新闻制作的成本。我们可以看到,当前的沉浸式新闻所构造的三维世界还是比较粗糙的,与好莱坞电影中几乎可以以假乱真的三维特效场景无法相比。原因在于投入的成本不同,单个新闻报道的成本不可能与好莱坞电影动辄上千万美元的影视特效投资相比。电影是高投入、高风险、高回报,其商业模式与新闻报道完全不同。新闻报道通过内容的新颖性、真实性和可读性来吸引读者,而且需要保持新闻媒体长期连续的报道质量,才能获得长期的发行量,短期和孤立的优质新闻报道并不能给新闻媒体带来巨额利润。新闻媒体并不通过单个新闻来盈利,因此,不像电影工业里的单独作品即可能获得巨大收益,新闻媒体不可能在单个的新闻事件中投入太多成本去还原新闻的细节,这也就造成了沉浸式新闻在模拟重现真实场景时,只能在有限的技术和成本之下完成,虚拟新闻受众无法获得与现实目击者完全一样的视觉感受,其体验不能完全等同于现实的新闻事件目击体验,而只能是一种对已经发生过的事件的感受性的体验。另外,细节的缺失也影响到新闻事件信息的准确性(尽管这种准确性比起文字媒体要高)。

沉浸式新闻的第二个局限性是直播性不强。沉浸式新闻以时间为逻辑,同时需要转换空间感觉,受众接收信息需要完整时长。类似于电视新闻和广播新闻,沉浸式新闻要求受众用固定时间段来"目击"

整个新闻发生的过程,但又不同于直播式电视新闻和广播新闻,沉浸式新闻可以分段观看,即受众可以选择观看一半,另择时间观看另一半(注:互动电视新闻也具有类似功能),但毋庸置疑的是,受众一次性看完,新闻传播的效果更好。无论何种新闻,事实发生与新闻播出之间的时间差距是必然存在的,但电视新闻直播的特性可以增强现场感,尤其对突发新闻可以现场直播,因为电视新闻只需对视觉进行编码;而沉浸式新闻必须对视觉和感觉同时进行编码,以构筑虚拟空间感,因此在直播性上无法企及电视新闻和广播新闻的高度。通俗地说,电视新闻拍摄的画面是 2D 的,可以直接在 2D 的屏幕上播出,但不能在虚拟现实的 3D 空间内播出;要将新闻事件转换为 3D 的虚拟现实,以当前的技术无法通过拍摄来完成,而必须通过 CG 技术建模来完成,目前这项工作所需要耗费的时间和成本无法忽略,导致直播成为不可能,除非未来发展出 3D 自动转换技术、3D 摄影技术、3D 摄影机等,可直接将拍摄内容转换为虚拟现实场景。

沉浸式新闻的第三个局限性是只适合体验短小新闻事件,无法全景式和深度描述新闻事件。文字新闻可以用抽象的方式概括事件,最适宜全景式地展示事件的背景和深度,尤其对复杂的、调查式的大型报道有充分的把控力,受众只需要浏览阅读就可以在短时间内获得新闻结论,而文字新闻的物理特征是占用极少量的空间,这也是文字新闻的最大优势。电视新闻和广播新闻基于时间长度,需要线性时间成本,除了深度报道,大部分电视新闻持续时间为数分钟。长篇报道也是可以的——电视新闻报道可以通过镜头语言的组接,构造有吸引力的内容,例如制造悬念、冲突,解密,进行背景分析解读——在不违反真实性的原则下,电视新闻策划可以使用电视语言,构成画面之外的内容,使得整个新闻事件得到充分的梳理和多角度的分析。而对沉浸式新闻而言,这一切都不太可能实现,或者说沉浸式新闻的重点不在于此。沉浸式新闻只能构成新闻现场让受众亲身体验新闻发生,而不能提供对新闻事件的抽象解读,即无法超越新闻事实本身。沉浸式新闻是对具象化(包括时间、空间)的模拟,而非对意义的模拟。沉浸式新闻不可能构造一个专家解读新闻的场景——这是电视新闻中常用的深度报道方式之一,但对虚拟现实体验来说,这个场景虽然可以构筑,但是没有必要和意义,因为解读意义并非虚拟现实的重点,呈现和体验事实才是。

三、沉浸式新闻的意义和价值

那么,沉浸式新闻的意义何在?应该说,相较于其他类型的媒体新闻,沉浸式新闻具有不同的特点。这些特点是任何其他媒体新闻无法实现的,因此,沉浸式新闻的"体验新闻"方式可以作为其他传统新闻类型的补充。这些特点体现在以下几个方面。

(一)受众不再是被动地接收新闻,而是主动地体验新闻

与传统的新闻接收方式不同,沉浸式新闻不再是受众被动地阅读已经编排好的文字,或是收看已经组接好的电视画面,而是主动选择进入新闻事件,以一种旁观者、目击者和参与者的身份体验新闻带来的冲击和震撼。这有两个重大意义:一是受众不再接收二手新闻信息。传统的新闻理论认为,记者和编辑等传媒机构人员是"把关人"和"守门员",通过选择性报道以及带有倾向性的语言、镜头等手段在新闻中植入价值观和倾向性,这种新闻信息实质上是二手新闻信息。沉浸式新闻则从根本上改变了这一局面,受众不再满足于听取他人的转述,而是亲身去体验新闻事实,获得基于事实的对新闻事件的理解。这又进一步带来了个人价值的分散化和多元化,削弱了传媒的力量,削弱了精英们对社会意义阐释的权力。二是受众接收新闻的目标从背景、意义等转入表象化,单纯的事实体验虽然减少了误导,但也使得新闻肤浅化。理性的人应该知道,任何事件背后都有更为宏观的、复杂的社会关系网络和动机推动,但沉浸式新闻仅呈现某一个"点",而

非"线"和"面"。从正面来看,它摒弃了新闻媒体机构作为中介对事件意义的附加说明,可以让受众对事件的反应具有更大的自我掌控权力,避免新闻意义被扭曲;从负面来看,受众只看到孤立事件的表面过程,而不去深究背后的动机和意义,这样一来,民众更容易被煽动,极端情况下可能导致更为混乱的社会管理问题,如引发骚乱和冲突等,因为"眼睛也会骗人"。所以,沉浸式新闻不应作为独立的新闻形式,其应用的范围一是仅限于孤立事件的重现,二是作为深度报道的补充。

(二)受众可以物理多角度(上帝视角)地体验新闻,增加新闻细节

沉浸式新闻的受众,可以在 3D 新闻的环境中漫游,用不同的视角去体验新闻。这个视角一是指物理视角,即从空间的不同角度对新闻事件进行目击。如在上例美国联邦调查局官员开枪杀死非法移民的新闻中,受众可以以男性目击者的身份,也可以以女性目击者的角度去"阅读"这起事件,甚至可以从空中俯瞰,或将视角进一步拉近到非法移民身上,等等。这使受众具有了"上帝视角",即自由地观察新闻事件,仿佛掌控着全局、知晓一切。除了物理视角,受众还可以体验不同的"身份"来获得对新闻的多方观点。在此案例中,受众可以以美国联邦调查局官员的身份,体验事件发生前、发生中、发生后的一系列与他人的互动,比如体验美国联邦调查局官员早上与妻子的争吵、与上司的怄气、工作的烦恼等;受众也可以以非法移民的身份,体验其偷渡前、偷渡中、被枪杀时的感受。这在沉浸式新闻中完全可以实现。其好处是直接将以往需要通过语言文字(包括电视新闻中的解说词)描述的新闻主人公的体验融入新闻事件中作为某种背景,促进受众对新闻深度的自主思考。这种自主思考与传统新闻媒体强加于受众的意识不同,在受众看来,它来自"亲身体验",更具说服力。

沉浸式新闻基于虚拟现实技术,未来随着虚拟现实技术的发展,沉浸式新闻也将进一步发展。具体而言,沉浸式新闻会突破前述的一

些局限性:首先是制作工艺的提高,即画面真实度的提高,细节更多、更丰富,虚拟现实世界更接近现实世界的外观和感受,新闻的真实感和受众的代入感会更强;其次,现实新闻转换为沉浸式新闻的流程会简化,新闻的即时性将提高。当前的沉浸式新闻需要在事件发生后,根据电视画面、监控、目击者描述等多方面信息还原制作 3D 画面——主要是用电脑软件建模、渲染并加入编程增加新闻互动性——来重现新闻事件的现场。这个步骤所需要的人力和时间并不属于新闻业的原生工作,而是虚拟现实对新闻业的新要求,当前的新闻业只能借助其他行业的人手和设备来完成,这意味着在当前的技术水平下,新闻事件无法快速呈现为虚拟现实状态,也就无法快速进入媒体传播。未来有两种可能来突破这一局限:一是出现专用的虚拟现实场景构建软硬件系统,其功能是简化虚拟现实场景的创建程序,只需要输入相应的信息,便可将信息迅速转换为虚拟现实;二是立体摄像机,可以实时地将现场转换为三维场景。在技术发展到一定阶段,虚拟现实对现实新闻的模拟将极为简化,中间的时间差将缩小到极限,就像今天的电视新闻一样,可以在一定条件下实现对新闻现场的"虚拟体验式"直播(其实电视新闻直播客观上仍然有秒级、毫秒级的延迟,因此我们不必强调直播新闻与事件完全同步)。

四、沉浸式新闻的前景展望

未来的虚拟现实中,新闻仍然是个体生存所不可或缺的信息来源。不过,新闻的形式会更为进化。其中,虚拟个体的发展阶段直接影响着沉浸式新闻的形式。在利用可穿戴设备营造虚拟现实阶段,沉浸式新闻主要以上述三维场景的模式出现,虚拟现实用户通过头戴式显示器来体验与传统新闻不同的感受,获得新闻信息。这种体验可以给用户带来新的冲击,但受到前述种种局限性的制约,沉浸式新闻的主要功能应为传统新闻形式的补充。在虚拟生存的第二阶段,即除脑部外全部器官可用机械替代的阶段,文字和图像仍然存在于新闻内容中,但虚拟生存的个体需借助"容器"来感知文字和图像等信息,这种状态下的沉浸式新闻属于一种混杂、交叉的过渡状态,表象化的可见信息和数字化的不可见信息并存。在虚拟生存的第三阶段,即在人脑可虚拟化的阶段,沉浸式新闻则完全成为数字化信息形式,被授权的信源可对虚拟生存个体的记忆直接进行读取和写入。这种状态下的沉浸式新闻已经不需要借助文字和图像的方式来显示,而是以纯信息流的状态在虚拟现实系统中流转传播。

虚拟生存在何种程度上改变新闻的形态,取决于我们生活方式的变革。在虚拟化生存比例提高的前提下,人类接收、存储和处理信息的能力不断提高,人类借助虚拟生存设备,可以接收和处理比今天我们依赖于生物肉体所能接收和处理的信息多得多的新闻内容。在这个前提下,新闻必然变革以适应未来的人类的特征和虚拟生存的特点。

当前,我们从报纸和电视上接收的新闻的数量是有限的。虚拟生存个体接收新闻能力的提高,需要以新闻机构增加新闻的推出数量为前提;这对新闻机构的信息采集和编辑能力提出了更高的要求,对新闻的选择标准则放宽了要求——新闻供应量必须加大。这一变化在某些领域可能带来更多的深度报道。新闻的两种尺度都可能发生延伸:一是对新闻事件本身的报道更为细化;二是对新闻事件的跟踪报道更为持久。但新闻机构的成本和资源有限,新闻供应量的增加也可能导致新闻报道质量的下降。

新闻内容更为组织化。新闻内容以信息流和数字化方式传播,并不表示新闻不需要编辑和分类。而且对于用户而言,有针对性的新闻分类对于节约用户的筛选精力是有意义的,用户并不希望海量的新闻直接输入自身的存储器和记忆体。传统新闻报纸的内容组织不针对特定用户,缺乏个性化;互联网新闻可以让用户自定义接收的信息之内容类别,但分类有限;而沉浸式新闻对新闻内容的组织可以更为细分,在互联网新闻的分类之下做出更为个性化的处理,这也是基于用户运算处理能力的提高。

从新闻机构的角度来看,综合性的新闻组织报道难度加大,专业新闻组织会大量出现以适应"更多、更细的新闻要求",通讯社专业化分工进一步加强。这与当今的新闻社均为综合性仅有内部分工的组织架构有所不同,类似通讯社这样的新闻源必须以专业为特征,才能报道内容更为深入、数量更多的新闻,受众在一定条件下会对新闻进行自主过滤和选择。

〔聂有兵,贺州学院文化与传媒学院专任教师〕

影视文化研究

《沙飞传奇》叙事与传播探析　　　　　　　　　　刘安经　刘　倩

《永恒和一日》的边界跨越与生命隐喻　　　　　　刘　倩　刘安经

《沙飞传奇》叙事与传播探析*

◎ 刘安经　　刘　倩
Liu Anjing　Liu Qian

腾讯新闻中心出品的《大师》系列专题,是一档触碰历史,听大师们分享人生智慧的深度视频类节目。采访对象涉及各个行业的翘楚,国学家、史学家、翻译家、书法家、舞蹈家、摄影家、电影艺术家等均被囊括其中。该节目曾在网络上产生较大影响,每一期节目的点击率都不低于十万,超过百万、千万点击率的也不在少数,中科院院士欧阳自远、天文学家王绶琯的专题更是分别达到了5829.3万及6257.4万的点击率。在所有节目中,《摄影家系列访谈录》以记录"记录着的人们",梳理出"中国摄影史的影像史",让笔者印象深刻,《沙飞传奇》是其中的代表作之一。

一、内容建构

《沙飞传奇》总时长为41分钟,分上下两集进行讲述,在内容构建上主要以沙飞创办敌后抗日根据地第一本画报《晋察冀画报》、沙飞情感和沙飞之死三大块为主,其中,以前后两大块为主,以情感线为辅并

---

* 本文原载于《电影评介》2018年第3期第98～100页,收入本书时有改动。

融入其中叙述。

首先,就创办《晋察冀画报》这一块,《沙飞传奇》主要讲述了在敌后抗日根据地物资极其匮乏的条件下,沙飞创办《晋察冀画报》的"传奇",主要分析了其原因、条件、影响等。在原因上,除社会大环境外,主要从个体层面分析了萨拉热窝事件、"精神导师"鲁迅及广州、桂林、蛟潭庄三次影展对沙飞的影响,并就他的"摄影武器论"思想进行了分析;在条件上,则是以裴植的"天时地利人和论"为支撑,强调了沙飞、聂荣臻对于《晋察冀画报》创办的重要作用;在《晋察冀画报》的影响方面,则主要从宣传抗战、人才培养与协助办其他画报几个方面进行阐述。

其次,关于沙飞情感的"传奇",主要讲述了沙飞的作为地下工作者的妻子——王辉因怕沙飞搞摄影暴露目标,二人意见相左导致分离,而时隔八年之后在延安革命根据地,二人在周恩来和邓颖超的撮合下最终"破镜重圆"并产下女儿王雁的故事。

最后,关于沙飞之死的"传奇",主要讲述了沙飞因患"迫害妄想型精神分裂症",枪杀为其治病的日本医生津泽胜,被华北军区政治部军法处判处死刑,以及20世纪90年代,其女儿王雁退休后探寻父亲生前事迹,并努力"复活"其艺术生命的故事。在这一部分,重点分析了沙飞患精神病的主要原因。

二、叙事策略

围绕以上主要内容,《沙飞传奇》采用了访谈加解说的叙事方式,在叙事层面采取了一系列布局与技巧,从而使得作品充满了艺术张力。

(一)谋篇布局

在谋篇布局上,该片宏观上属于版块结构,分上下两个版块,在每一个版块上又采用了线性结构。"从外部结构上看,常见的纪录片结构有线形结构和版块结构两大类。"[1]"线形结构最主要的特点是有一条乃至多条贯穿全片的线索,这条线索可以是内在的、逻辑的……也可以是外在的、形式上的。"[2]而所谓版块结构,"就是按照人物、时间、地域或主题的不同,将不同的内容分成不同的部分,部分与部分之间可以互无联系,也可以有起承转合的一种结构方式"[3]。纪录片的结构有内部结构和外部结构之分,内部结构是构成形象的各个要素的内在逻辑联系和组织形态,外部结构则是纪录片的外在组织形式,即纪录片的构成框架。该片从外部结构上分《沙飞传奇(上):燃情岁月》和《沙飞传奇(下):命若琴弦》两个版块叙述,一个版块讲沙飞的生,另一个版块讲沙飞的死。两个版块均采取了单线形结构的叙述方式,其中上部分主要讲述沙飞走上摄影之路,成为晋察冀军区第一个专职新闻摄影记者,并以"摄影武器论"为指导带领晋察冀画报社成员办报抗日的故事;下部分则集中"笔墨"讲述沙飞患"迫害妄想型精神分裂症"枪杀日本医生津泽胜的原因,以及沙飞夫妇于延安复合后诞生的女儿王雁在退休后追寻沙飞足迹,探寻父亲生前事迹并对其艺术生命进行"复活"的故事。在该片中,上下两部分均以"这是一个几乎被遗忘的大师……"开头,相互照应,而在第一部分结尾处和第二部分开篇处,均以"沙飞的死"作联结,巧妙过渡,把两部分融为一体。

(二)叙事主体

在叙事主体上,该片以原作者加王雁、司苏实、顾棣、裴植、安哥等"第三人称"为叙事主体交替进行叙事。"叙事主体确立的过程就是叙事的真正主体(原作者)寻找最佳代言人(叙事人)的过程。"[4]在片中,原作者相当于电视节目主持人,通过解说声进行讲述、过渡、抒情等;而王雁、司苏实、顾棣、裴植、安哥等以同期声的方式进行讲述,依据各自的身份既分工又有所交叉,如王雁作为沙飞的女儿,主要负责对沙飞的性格、办报、爱情和探寻父亲之死进行叙事;著名摄影家安哥、著名摄影评论家司苏实则主要从沙飞摄影创作的角度评价其创作理念与价值;而顾棣、裴植作为曾经的晋察冀画报社成员,则主要从办报经历讲述。在这五个人的讲述中,王雁和顾棣、裴植对战争中办报部分的交叉讲述是比较多的,正是通过原作者的解说加上不同第三者的交叉叙述,才使得片子内容层层深入,从而使沙飞的人物形象立体起来。

(三)叙事技巧

在叙事技巧上,以故事化的方式进行叙事。通过"设疑—解疑—再设疑—再解疑"的方式,引进戏剧冲突和矛盾,突出情节因素,使得纪录片充满节奏感与观感。

首先,设置悬念。《沙飞传奇(上):燃情岁月》的开篇为:"这是一个几乎被遗忘的大师,几乎所有的中国人都见过他拍摄的鲁迅肖像……也几乎是所有的中国人在他拍摄的照片里感受着上个世纪的那场抗战烽火,被战争的残酷所震撼,被那个中国将军和日本小女孩的故事深深感动……"这个人是谁?他与鲁迅、与中国将军有着怎样的故事?创作者随后在讲述中就有关问题进行了回答。

关于沙飞之死,《沙飞传奇(下):命若琴弦》开头及第二段就连续设置悬念,如第二段:"这是一个对理想充满执着信仰,对现实有着超人敏锐的左翼知识分子,却在1950年这个全国迎来解放的时刻,不曾将他的镜头对准开国大典的历史画面,而是在难以解脱的精神危机中身心俱焚,他究竟经历了些什么?"在片中,创作者以一个"全知"视角,通过扣押信息、制造信息落差的方式,刺激观众的好奇心,以引起观众的探知欲望。

其次,制造冲突。美国剧作大师麦基说:"若无冲突,故事中的一切都不可能向前发展。"[5]列维·斯特劳斯以神话中的基本故事为分析对象,努力寻找神话中内在不变的因素和结构形式。"他(列维·斯特劳斯)受语言学中音素、词素等概念的启发,把神话中的最小单位叫作'神话素'。他发现'神话素'就像词素中的一些二元对立现象一样,也是按照二元对立的原则建立起来的……他认为这是浩如烟海的神话底下隐藏着的某些永恒的'深层结构',任何特定的神话都可以被浓缩成这些结构,其中的变项是一些普遍的文化对立(如生/死、天堂/尘世等等)和处于这些对立项之间的象征符号。"[6]在《沙飞传奇》三大块内容中,就存在着三种对立与冲突:在晋察冀边区物质极端贫乏的条件下,办不办画报?夫妻俩因摄影问题产生了矛盾,离婚还是不离婚?沙飞枪杀日籍医生津泽胜,处死他还是不处死他?另外,在战争年代,对于底片是冒着生命危险保存还是无意识地随意保存等等,这些矛盾与冲突给观众提供了信息刺激的量的累积,也推动着故事向前发展。

最后,故事情节化,情节细节化。"故事,即被叙述出来的事件,是伴随着一定的观念和情感而产生的。故事表明叙事'讲什么',情节则关系到'怎样讲'和'讲哪些'。"[7]而细节则是情节的具体化、形象化。在片子中,讲到沙飞拍摄聂荣臻救美穗子、拍摄刘汉兴参军,讲到保护底片以及聂荣臻"挥泪斩马谡"的场景都是通过细节化的描述或描写来呈现的。

(四)情感表达

在情感表达上,诗化的语言、黑白照片与抒情性的背景音乐有机融合,传情达意。洗练、干净、隽永的语言,在纪录片中比比皆是,如上下两篇的开头与结尾,语言精练,情感充沛。另外,照片和音乐的大量运用是该片一个最显著的特点,占片子一半篇幅左右。照片往往用来作叙事的引入、串场和实证,由点到面;音乐则结合照片进行渲染、抒情,深化主题,并作为现场同期声采访的过渡。在整个片子中,照片和音乐几乎每次都是同时出现,一张张充满质感的黑白照片、一首首充满抒情性的音乐与诗化的语言融合叙事,使得该片充满了艺术感染力。

三、传播特点

在传播上,《沙飞传奇》具有以下显著的特点。

(一)栏目专题下的子传播

在编排上以左视频、右照片的方式并置呈现,同时传播。该片属于腾讯《大师》栏目下的摄影家专题之一,在整个专题中,突出《沙飞传奇》的编排。该专题《沙飞传奇》属于第51期、52期,居该栏目专题中间位置,与之对应的右边的照片分别以"中国战地摄影先锋:沙飞传奇""沙飞摄影作品精选"命名;此外,在该栏目专题最上方的摄影家系列访谈汇编视频中,与之对应的显要位置的照片图集《见证涤荡变革的时代作品精选》,则以沙飞肖像和"沙飞传奇"字样为主图。

(二)活动传播

该片既配合第三届大理国际影会"沙飞及其团队的摄影作品"展播,又在沙飞百年诞辰之前进行网络传播,为沙飞百年诞辰纪念宣传活动凝聚视点,为传播充分"借势""造势"。在第三届大理国际影会前后,大理国际影会微博发起了"我喜欢的摄影家"话题,就该系列摄影家专题在其筹备创作、影片拍摄以及播出期间进行传播,而沙飞摄影网微博和司苏实等摄影家的微博也对该片及沙飞摄影作品进行宣传,使摄影家和摄影者全程关注。

(三)微信传播

该片主要通过腾讯网联合腾讯公益慈善基金会、陈一丹基金会共同发起的"谷雨"项目微信号"谷雨计划"进行传播,在内容编排上采取了"视频+照片+人物访谈观点"的形式,另外还有个别微信公众号转载传播。

(四)纪录片的碎片化传播

顺应网络时代受众碎片化观看和阅读的习惯,运用"微电影"的手法进行纪录片的创作与传播。如片子上半部分被拆分为6个小视频:《一个叫司徒传的富家子弟》(2分26秒)、《用相机揭露日本人的阴谋》(2分18秒)、《鲁迅先生的最后留影》(2分31秒)、《晋察冀军区第一个专职新闻摄影记者》(4分37秒)、《像赶庙会一样来看影展》(1分30秒)、《〈晋察冀画报〉的创办过程》(7分50秒);下半部分则被拆分为4个小视频:《一颗自由飞舞的沙粒》(4分46秒)、《精神的双重打击》(3分35秒)、《不朽传奇的续写》(3分35秒)、《完美的轮回》(6分18秒),每个小视频下还用一句话进行内容简介,以独立成篇的故事吸引观众点击观看。另外,片子下方还设置了"腾讯微博+QQ空间"的链接方式,以便于观者对视频进行转发。

(五)文字访谈实录全文传播

王雁、裴植、顾棣、司苏实等4人的全部文字访谈实录内容与纪录片同时呈现给观众,一些内容是纪录片中没有讲述到的,这些内容在腾讯新闻中心以专题访谈形式呈现,并被尚图坊等网站转载。

四、结语

作为一部已故人物的纪录片,《沙飞传奇》在内容叙事与传播上有不少值得学习的地方,仅视频传播上该片就达到了35.4万的点击率,算是不错的成绩。不足之处在于背景音乐的音量大了些,对解说声造成了干扰,一些背景音乐剪辑点的选择有时显得过于突兀,没有踩在点上;个别情节和细节的影像表达形象性与生动性有所欠缺。在新媒体时代,历史人物题材的纪录片该怎么讲述,又该如何有效传播?一些"度"的问题该如何把握?从《沙飞传奇》的报道中,我们可以得到一些有益的启示。

注释

[1][2][3]冷冶夫.纪录片的叙事与结构[EB/OL].(2004-04-13)[2018-02-10].http://www.people.com.cn/GB/14677/22100/32915/32917/2444828.html.

[4]宋家玲.影视叙事学[M].北京:中国传媒大学出版社,2007:179.

[5]麦基.故事:材质、结构、风格和银幕剧作的原理[M].周铁东,译.北京:中

国电影出版社,2001:245.

[6]陈晓伟.结构主义叙事学:由二元对立到融合[J].郑州航空工业管理学院学报,2005(1):21.

[7]莫纳科.电影术语汇编[M]//宋家玲.影视叙事学.北京:中国传媒大学出版社,2007:17.

〔刘安经,贺州学院文化与传媒学院讲师;刘倩,成都大学美术与影视学院影视艺术系讲师〕

《永恒和一日》的边界跨越与生命隐喻[*]

◎ 刘　倩　　刘安经
　Liu Qian　Liu Anjing

希腊,被视为西方文明的起点,也是西方文学、西方戏剧的发源地,承载了厚重的文化底蕴和历史背景。西奥·安哲罗普洛斯是希腊著名导演,他同波兰的基耶斯洛夫斯基和西班牙的阿尔莫多瓦一同构成了欧洲电影的最后一道"大师阵线",其因对人与历史的深刻思考而成为世界电影巨匠,为世人所熟知。本文以电影《永恒和一日》(1998)为例,从主题探讨、叙事手法与隐喻方式三个方面对西奥·安哲罗普洛斯导演的电影风格进行探讨。

一、生命、旅行、边界、孤独多义性主题

安哲罗普洛斯的电影通常用绝望、看似悲剧的哲学思考方式讲述故事,但观者观影后反而会用乐观的心态进行生死观的解读,以此实现对人类命运深刻探索的思辨观影互动。

"旅途、边界、放逐、人类的宿命、永恒的回归,这些主题始终跟随着我。这些困惑在我的电影里进进出出,就像各种乐器在交响中的进

---

[*] 本文原载于《电影评介》2018年第8期第39~41页,收入本书时有改动。

和出,它们安静下来只是为了稍后重现,我们注定要和自己的困惑纠缠相伴。我们拍的都是一部电影,我们写的都是一本书,是同一个主题的变奏与赋格。"[1]安哲罗普洛斯曾这样回顾自己40多年的从影历程,这里的"边界"一词,不只是地理或政治意义上的边界,还包括人与人的隔阂、家乡对于人的不可触及等,而他对生命与边界的关注和思考贯穿了其一生,他常在电影中用有限的旅程时间进行影像诠释,《流浪艺人》(1975)、《雾中风景》(1988)、《哭泣的草原》(2004)、《尤利西斯的生命之旅》(1995)等,都是诠释人物在旅途中与边界遭遇、与生命共鸣,《永恒和一日》更是把一段充满深厚人文关怀与哲学思考的旅行浓缩在了电影时间的一天当中。

《永恒和一日》展示了癌症晚期的老诗人亚历山大住院前最后一天的生活。他从欢乐的儿时的梦中醒来,欣慰于未曾谋面的邻居与自己播放同样的音乐,却为想要卖掉旧宅的女儿伤透了心。悲伤与茫然的亚历山大在机缘巧合之下救了一位流浪儿童。在与流浪儿童相处的过程中,亚历山大逐渐找回了对生活的热情,却仍要在一天的结束之际被迫与其分离,独自走向生命的终点。

在本片中,出现了四段多向、多义性的旅程:①亚历山大陪流浪儿童寻乡;②流浪儿童陪伴亚历山大寻回情感的归宿;③流浪儿童走向人生新的起点;④亚历山大走向人生的终点。亚历山大在这四段旅程中完成了精神的重生,这一天中他与流浪儿童的变化看似是向着相反的方向发展,实则预示着一种生命循环的生生不息。但是流浪儿童将要面对的,仍然是无尽的漂泊之旅。从此处也能看出,《永恒和一日》虽然没有像《哭泣的草原》一样借用神话的叙事结构,却仍然蕴含着安哲罗普洛斯基于神话叙事模式的、对人类命运的悲剧性思辨精神。

亚历山大过去对家人的漠视、流浪儿童对亚历山大从陌生到亲近、流浪儿童有故乡却没有容身之处、青年人把流浪儿童当成幼兽一般对待,这一切有机构成了《永恒和一日》中的"边界"概念。亚历山大在流浪儿童的温暖下,打破了一生中以事业之名给自己设置的无数边界,在这永恒的最后一日中发现了真正的自我,结束了心灵的漂泊,不得不说是一种讽刺。

二、时空交错的意识流叙事方式

作为时间与历史的电影诗人,安哲罗普洛斯的长镜头在充满巴赞的理论光辉之余,更增添了独特的诗意与时空变幻,锻造出厚重的时间感与历史感。他的长镜头并不沉闷,甚至有些悠然自得,在没有任何主观操控的画面中充满了令人惊叹的镜头运动、场景设置与场面调度。他用长镜头来表现对人生旅程的思考,用客观的镜头语言展现客观事物,中性的不带有任何情感的镜头运动蕴含独特的诗意,让观者在不同的人生阶段观看影片都有新的感悟,历久弥新。

安哲罗普洛斯在处女长片《重建》(1970)中就开始了自己的长镜头艺术实践,接下来《1936年的岁月》(1972)、《流浪艺人》(1975)等影片中的平均镜头时长逐渐增加,到《猎人》(1977)时单个长镜头已经超过3分钟。《永恒和一日》开篇为总计近5分钟的3个连续的长镜头,展现了从室外到卧室再到海边的场景变幻,并在最后一个镜头海天相接处用叠画完成了从梦到现实的转换。这一段温馨欢快的童年梦境与现实中亚历山大最后一天的追悔心情形成对比,又与他精神的重生(或是象征他精神重生的流浪儿童)形成呼应。

电影批评家埃里克·戈斯曼在《圣弗朗西斯科的编年史》中,对《永恒和一日》有过这样的评论:"永恒的哲学沉思、时间中漫长柔顺的转变、催眠似的跟镜头,都似乎在向我们耳语——'慢下来,观察,聆听'。"安哲罗普洛斯在专访《别要求电影做它做不到的事》中曾经这样表达自己对电影中时空的理解:"我想要创造一种与时间、与历史的辩证关系:昨天的历史并不是过去,而是当下。"[2]安哲罗普洛斯定义了当下和当下的历史,这也诞生了一种方式——过去与现在,在同一场戏、同一个镜头里共存,没有分界。

《永恒和一日》多次采用同一镜头中时空转换与交错的方式进行表意。亚历山大在听女儿念妻子安娜遗留的信件时,起身走到阳台,撩开窗帘看到安娜的背影,此时就已经完成了从现实时空到回忆时空的转换。亚历山大从阳台走到楼下安慰伤感的安娜,在两人依偎的时候,安娜的(回忆时空)对白中插入了一句信件上(现实时空)的话语:"我真想留住这一刻,让它像蝴蝶标本无法飞走。"这一刻形成了时空的交错表述,声音、画面、文字共同闪耀,使人物的心理得以真实传达。片尾亚历山大回到海边的旧宅,镜头随亚历山大的目光向画面右侧顺时针旋转180°—后退—逆时针旋转回到亚历山大身上,现实时空已经转换为回忆时空,镜头切向窗外,通过高难度的水平推进—垂直下降—水平推进的路线移动到远处的海边,最后配合着梦中母亲的呼唤,全片终止于这片充满美好记忆的海滩。

《永恒和一日》通过类似的时空叙述手法,高效而诗意地实现了客观的叙事和主观的内心表达的并行。支撑起安哲罗普洛斯电影中充满人文、历史哲思宏大主题的,正是他对超长镜头中的时空、构图、配乐等视听因素极具主观意识的敏锐掌控。安哲罗普洛斯对家国历史的深切关注和对时空的独特理解,孕育了其作品独有的并极具民族感的审美效果。

三、序列化组合象征与隐喻符号

安哲罗普洛斯众多作品中贯穿着大量的、紧密联系的象征与隐喻符号。它们都来自导演的人生体验和感悟,形成了一个安氏影像符号体系,在世界影坛可谓独树一帜。这些象征与隐喻符号在长镜头中被有机地串联,在娓娓道来的缓慢电影节奏中逐一展现,更加刺激观者进行有意或无意的解读,潜移默化地使观者在解读过程中进行二次创作。

安哲罗普洛斯电影中总会出现一些精心设置的象征与隐喻符号。在《永恒和一日》中,一个或几个在阴雨天穿鲜黄色雨衣骑单车的人,他们出现于亚历山大和流浪儿童登上公交车之后,镜头停止在那里,仿佛在等这一抹亮丽的色彩到来。"常有人问我电影中那些令他们不解的元素是什么意思,举个例子,像那些穿黄色衣服的人,我不知道为何这就被称为超现实,我只是把他们当作一种诗的元素,这些是我不能解释也不想解释的。所以当人们问起我那些穿黄色衣服的人的意义时,我回答,黄色是一种颜色。"[3]在安哲罗普洛斯的电影中,常见的(现实时空)环境是昏暗、潮湿的,大部分可见的人也是身着暗色服装。在这样的符号环境中,笔者将"黄色衣服"理解为"黑夜中的灯塔",这束光穿透黑夜中的迷雾,无视人为设置的一切"边界",在看似完全悲剧的希腊神话叙述模式下提供了一种名为"未来"的可能性。流浪儿童、军人与亚历山大陆续出现在餐馆的镜子中,简单的镜中影像巧妙地穿透影像并真实地展现了此刻主要人物的心理状态:居无定所的异国流浪生活让流浪儿童对军人产生天然的畏惧感,而在短短的相处过程中,亚历山大已经对流浪儿童产生了牵挂和依赖;亚历山大带着流浪儿童来到阿尔巴尼亚边境,看到冬日迷雾中巨大的铁丝网上挂满了不知生死的人,"网"成为"边界"这个概念的实体化意象,仿佛不只是广义的"边界"阻碍了人,人也成为广义的"边界"的一部分;亚历山大和流浪儿童分别前共乘一辆公交车,镜头随着大量乘客下车而看向车外,然后一个拿着红旗的年轻男子、一对情侣、一群音乐演奏者陆续上车或下车,最后是诗人索罗穆斯面对亚历山大"明天会持续多久"的问题无言离去,每次上下车的乘客都可以看作亚历山大一生中不同阶段的重现,再加上想象时空中的索罗穆斯,序列化的象征、隐喻符号与三个叙事时空相互交织,电影叙事过程充满艺术美感。

被肢解的巨大雕像、穿黄色衣服的人、着暗色衣服的人群、镜中影像、雾与水、婚礼场景、爬(挂)在网上的人、位于画面中央并消失于画面远方的道路等意象反复出现于安哲罗普洛斯的电影中。这些高度隐喻化与象征性的场景设置,被镶嵌在富有多义性和暧昧性的长镜头中;或者说,正因为这些符号,(某些)长镜头的表意功能才得以完全实现。

四、结语

在安哲罗普洛斯的注视下,人性的脆弱和社会的残酷都进入了他的作品,恣意地拥有他的关怀,才会形成如此深刻的电影。安哲罗普洛斯电影的风格借用《永恒和一天》的一句台词,便是:"明天会持续多久?""明天只比永恒多一天。"充满哲理的对话表达出其对生活的思索,也在不断探讨着一个惯用命题:孤独是永恒。该片作为安哲罗普洛斯电影作品的杰出代表,其特有的创作风格让世界电影殿堂熠熠生辉,值得广大电影艺术创作者和研究者加以持续和深刻地研究和解读。

注释

[1]傅睿邺.与安哲罗普洛斯对话[J].北京电影学院学报,2003(6):88-93.

[2]李宏宇.别要求电影做它做不到的事:专访安哲罗普洛斯[N].南方周末,2010.

[3]赵春霞.电影中的隐喻与象征艺术:以安哲罗普洛斯的电影为例[J].电影评介,2009(14):24-25.

〔刘倩,成都大学影视与动画学院讲师,成都大学传媒研究院副研究员;刘安经,贺州学院文化与传媒学院讲师〕

纪录片创作研究

系统分类视域下纪录片类型研究（上）	熊　高
系统分类视域下纪录片类型研究（中）	熊　高
系统分类视域下纪录片类型研究（下）	熊　高
新时代讲好中国故事纪录片教育的探索与实践	
——以贺州学院卓越新闻传播人才培养班为例	刘称心
基于新闻传播叙事基础的纪录电影	肖　军
新媒体背景下纪录片的传播特性研究	
——以《舌尖上的中国》为例	肖　军
浅谈纪录片创作的传承与创新	
——以贺州电视台系列纪录片《古村物语》的创作为例	隆群良
新媒体背景下纪录片的创作与创新	隆群良
虚拟现实技术对旅游风光纪录片的可能影响	聂有兵

系统分类视域下纪录片类型研究(上)*

◎ 熊　高
Xiong Gao

纪录片是运用影像手段讲述一个真实故事的片种。自影片《北方的纳努克》以来,纪录片成为一种"具有文献资料性质的影片"。时至今日,纪录片承载内容之广、制作水平之高、画面之精美,都大大突破了纪录片"文献"性质和"原生态"的限定,纪录片的类型如雨后春笋,越来越多,如人物片、旅游片、政论片以及个人纪录片、媒介纪录片、栏目纪录片、历史考古片、自然科学片等等,种类繁多,简直让人眼花缭乱。本文试图从系统分类视角出发,对林林总总的纪录片进行重新梳理,在此基础上,对纪录片进行分类,并对每一类型的纪录片作出诠释,以促进我国纪录片创作的繁荣和观众赏析。

一、问题的提出

美国学者比尔·尼可尔斯把电影分为两大类:一是达成心愿的纪录片;二是再现社会的纪录片。每种类型的影片都是在讲故事,但这些故事(或者说叙述)又有所不同,"再现社会的纪录片是通常所说的

* 本文原载于《河池学院学报》2019 年第 1 期第 113～118 页,收入本书时有改动。

非故事片"[1]。

需要说明的是,以往对纪录片分类多从内容视角出发,但也有学者从其他视角研究纪录片的分类。内容分类,是以纪录片承载的内容作为分类依据,如时事报道片、生活纪录片、人文地理片等;从创作者视角切入,分为个人纪录片和媒介纪录片。北京师范大学艺术与传媒学院张同道把纪录片分为"主流文化""大众文化""精英文化"和"边缘文化"四种形态。此外,还有学者从创作者主观参与程度出发进行分类。聂欣如把纪录片分为三种类型,即"人的主观参与度最高的,称为'艺术纪录电影';人的主观参与度最低的,称为'科教纪录电影';人的主观参与度适中的,称为'纪录电影'"[2]。

很明显,上述分类都是从某一视角或是某个侧面出发对纪录片类型作出的一种诠释,具有一定的合理性,但都存在见仁见智的问题,也都存在某种局限性,不足以反映纪录片创作和纪录片作品类型的实际。

纵观纪录片的发展,其源头是卢米埃尔兄弟拍摄的《工厂的大门》《火车进站》等一批纪实性影片。自弗拉哈迪拍摄《北方的纳努克》和他的学生格里尔逊大力倡导"纪录片运动"以来,纪录片就成为一种"具有文献资料性质"的影片。100多年来,特别是随着电视媒介的诞生,纪录片的选题之多、内容之广、制作水平之高、图像画面之精美、作品风格之多样,以及情景再现、三维动画等制作手法的使用,大大突破了纪录片"文献性"和"原生态"及实景拍摄的限定。加上创作者对事物认知理解角度与能力的不同、重现事物手法与叙事风格的不同以及播出媒介与栏目的要求不同等诸多因素的影响,使得纪录片作品呈现很大的差异性。笔者据此认为,有必要多维度、多视角地对纪录片创作和纪录片作品的类型与样式进行重新梳理,并在此基础上对纪录片的类型进行重新分类,并对每一类型的纪录片作出诠释,以促进我国纪录片创作的繁荣和观众赏析。

二、他山之石的分类借鉴

分类,原是生物学的一个概念,意指"对生物的各种类群进行命名和等级划分"[3]。现代汉语的分类,则是指"根据事物的特点分别归类"。

植物分类学的奠基人林奈,鉴于他所在的时代,人类已搜集到的各类植物标本种类总计多达18000多个的实际,在前人分类的基础上,创造性地定义了植物属种分类的三个原则:①物种要有共同的起源,要求同一系统内的物类必须起源于共同的祖先。②物种的分支发展。分支是横向的分化,从少到多,形成许多不同支系,分支关系反映亲缘关系。③物种的进级发展。进级是纵向的上升,是生物从低级到高级的发展。按照这三个原则,林奈把植物分为"界""纲""目""属""种"五个等级,这一分类方法史称"系统分类法"。如图1[4]所示:

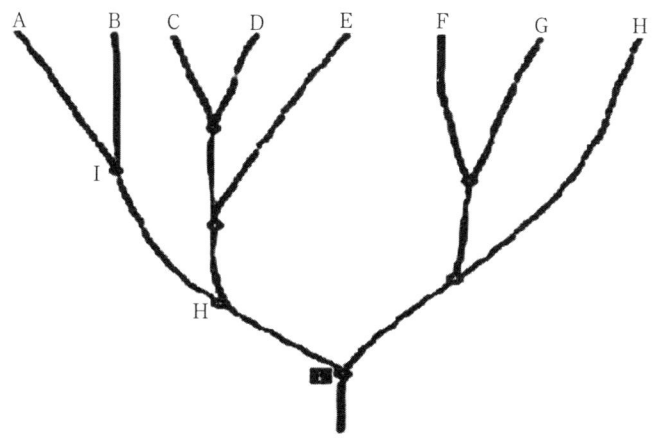

图 1 系统发育示意

林奈的系统分类,后来被众多的学科和领域引入来研究"事物的共同点和差异点,将事物区分为不同的种类"[5],成为众多学科按照

"事物的性质、特点、用途等作为区分的标准,将符合同一标准的事物聚类,不同的则分开的一种认识事物的方法"[6]。

三、从纪实性节目到纪录片创作的分支与进级

如同每一个物种都有自己的发展历史一样,作为用影像手段讲述一个真实故事的纪录片,也曾经历了"起源"—"分支"—"进级"三个大的发展阶段。

(一)第一阶段:实景拍摄

无论是卢米埃尔兄弟拍摄的《工厂的大门》,或是弗拉哈迪拍摄的《北方的纳努克》,还是我国第一部电影《定军山》(舞台电影),它们都是实景拍摄的纪实影片。自此之后,相当长的一段时间内,我国影视工作者运用摄影机拍摄了不计其数的"影片新闻"。荷兰纪录片大师尤里斯·伊文思的作品《四万万人民》《早春》《愚公移山》等也对我国纪录片创作产生过重大影响。在这一阶段,"电视新闻片与电视纪录片没有严格的界限,早期的电视新闻工作者同时也是电视纪录片的创作人员","当时的电视新闻,主要是指电视新闻纪录片,根据片长和时效,它可以分为新闻片和纪录片两种"[7]。

实景拍摄的另一层含义是影片的纪实性。这一阶段出版的《宣传舆论学大辞典》[8]介绍,我国纪录片品种包括了纪录片和专题片两大类型,如图2所示。

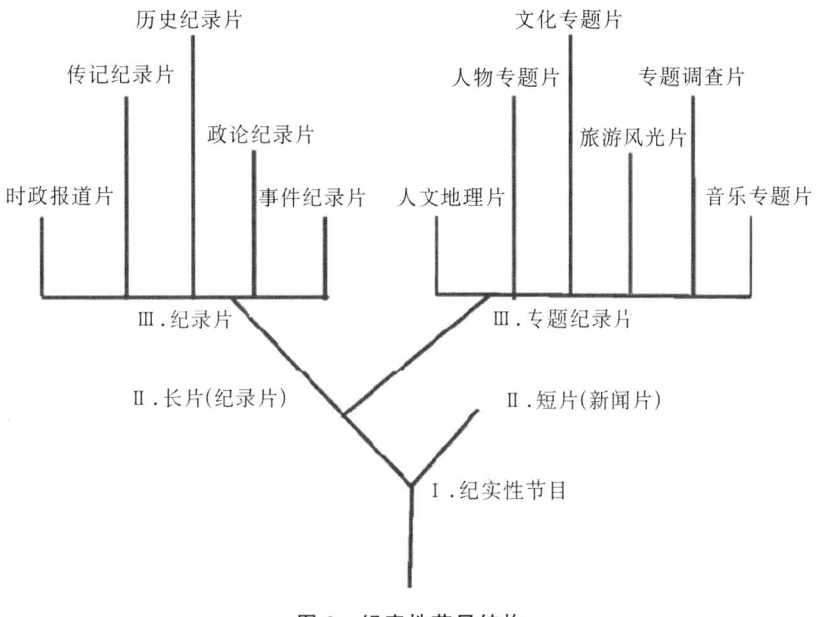

图 2　纪实性节目结构

(二)第二阶段:分支发展(专题片与纪录片的分离)

1989年,央视与日本东京广播公司合作拍摄了12集纪录片《望长城》。该片播出后,因其创作手法、结构方式和叙事风格让人耳目一新,反响巨大,引发了我国纪录片创作者的大争论,集中表现在1992—1993年连续三次由中国广播电视学会(下称"中广学会")举办的"中国电视专题节目分类与界定"研讨会上。

与会的专家学者在对什么是专题片与纪录片的界定上,发生了激烈的学术争论。争论的焦点集中在"等同说""从属说""独立说"和"怪胎说"四种观点。尽管与会者各执一端,但达成了一项共识,即纪录片与专题片同属于非虚构的、以纪实性为鲜明特点的电视节目,统称为"电视纪实性作品"。这样,为厘定专题片与纪录片的概念,使专题片从纪录片中分离出来奠定了基础。

2004年5月,鉴于我国电视节目体系建设日趋成熟,中广学会决定:把专题片与纪录片分开,分别以两种节目形态参与"中国广播电视新闻奖"的评奖,并界定专题片是一种"声画对位的以解说词为主要表达方式的议叙结合的节目",纪录片则被界定为"以声画合一的现场实景为拍摄主体的纪实性节目"。

(三)第三阶段:进级发展(纪录片创作的多样化)

进入21世纪以来,特别是2010年开始,国家从政策层面大力扶持纪录片产业,我国纪录片进入了发展的"快车道"。据中国纪录片协会统计,目前我国电视纪录片播出平台多达600多个,其中省级以上卫星电视频道每天播出纪录片超过30分钟,并涌现出一大批以制作商业纪录片为主营业务的社会制作机构。我国纪录片创作空前活跃,呈现叙事方式、影像呈现和作品风格的多维性与多样化:一是在叙事方式上,既有画内音(同期声)作为主要叙事方式的纪录片,也有画外音主叙式纪录片和影像叙事式纪录片;二是在影像呈现上,既有现场实景拍摄的纪录片,也大量出现了具有一定虚构性质的扮演重现、仿真再现和动画演示纪录片;三是在作品风格上,既有主持人引领式纪录片、对往事的追述式纪录片,也有口述式、讲述式、闲聊式、访谈式等样式纪录片;等等。

(1)根据选题内容划分,纪录片可分为时政报道片、生活纪录片、政论纪录片、人物传记片、历史文化片、地理文化片、动物文化片、科学纪录片、旅游风光片、人类学纪录片、人文纪录片、文献资料片、边缘纪录片等,呈现枝繁叶茂的发展态势,如图3所示。

(2)根据作品用途划分,纪录片可分为文献资料片、媒体纪录片、出口片等。

(3)根据叙事方式和作品风格划分,纪录片可分为引领式、追述式、观察式、参与式、阐释式。

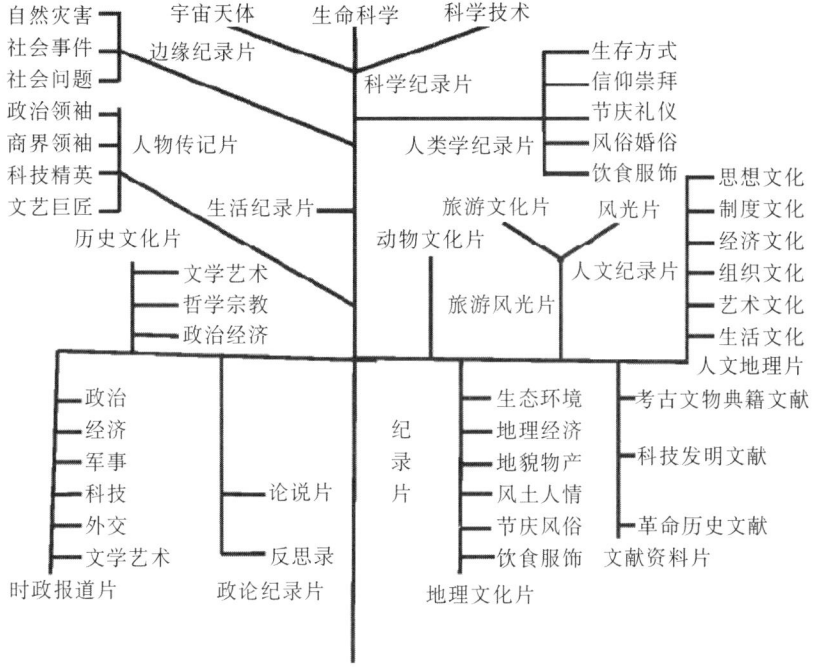

图 3　纪录片节目内容图

(4)根据影像呈现划分,纪录片可分为现场实景片、搬演复原片、扮演重现片、仿真再现片和动画演示片。

笔者从林奈系统分类视角切入,将事物的性质、特点、用途等作为区分的标准,使符合同一标准的事物聚类,在纪录片种下设"类群",在类群下设"样式",把当下纪录片分为"片""类群""样式"三个层级:

两片:纪录片、亚纪录片;

四类群:创作参与、叙事风格、叙事符号、影像呈现;

十八样式:引领式、追述式、观察式、参与式、阐释式、口述式、闲聊式、讲述式、访谈式、实景拍摄式、搬演复原式、扮演模拟式、情景仿真式、动画制作式、文献资料式、画内音主叙式、画外音主叙式、影像叙事式。

需要说明的是,本文之前,并无"亚纪录片"一说。根据中广学会对纪录片"以声画合一的现场实景为拍摄主体的纪实性节目"的界定,以及众多学者对纪录片现场实景拍摄"四真"(真人、真事、真情、真景)的要求,不难发现:当下有太多以非现场实景为拍摄主体的纪实性节目充斥着我们的电视屏幕,甚至出现了为数不少的"以今人充当古人"的影像和完全虚构性质的三维动画制作的画面,等等。

事实上,影像画面分为"可以撷取"的事实影像和"难以撷取"的事实影像两大类。可以撷取的事实影像是对"正在发生"或"正在进行"的事实的撷取记录,而对"已经发生"或是"曾经发生"的事实是不能进行拍摄记录的[9]。如同历史不能重演一样,今人也不能用摄像机去实时记录昨天或前天的故事。"事件不会专门选择摄影机在场的时候发生,也同样不会在乎创作者是否已经做好充分的准备,秦始皇不会择日等到电影发明之后再登基就位。"[10]

没有现场影像,影像呈现就是一句空话。纪录片创作者把呈现事物影像的目光在"搬演复原"的基础上,又一次次投向了虚构性更强的"仿真再现""模拟扮演""动画演示"等创作方式上,使得原本属于客观记录的纪录片,具有很强的"人的主观参与性"。笔者把包括这一情形在内的"人的主观参与度最高的'艺术纪录电影'"称为"亚纪录片"。鉴于篇幅的原因,笔者将在《系统分类视域下纪录片类型研究(中)》中对"亚纪录片"进行阐释和界定。

需要指出的是:实景拍摄、搬演复原、文献资料、仿真再现、模拟扮演、动画演示是当下纪录片创作的6种影像呈现方式,并非"一片一式",而是"一片多式"的影像呈现。如在实景拍摄式纪录片当中,适当借用一些文献资料影片;在仿真再现、模拟扮演比较多的纪录片当中,采用一些实景拍摄的"同期声"等。

四、结语

纪录片是运用影像方式讲述一个真实的故事。与文章叙事不同的是,纪录片叙事既要有声音叙事(解说词),更离不开影像叙事。文献性、原生态纪录片只能对"正在发生"或是"正在进行"的事实进行实景拍摄,而对"已经发生""曾经发生"或是"即将发生"的事实(件)无能为力。为了讲述一个真实的故事,纪录片的创作者们创造性地使用了诸如"搬演""再现""扮演"等方法,为我们还原并呈现了许多历史事实(件)。另外,加上讲述故事方法的不同等因素,形成了纪录片异彩纷呈的创作风格和节目样式。

注释

[1]尼可尔斯.纪录片导论[M].北京:中国电影出版社,2007:9.

[2]倪祥保,钱锡生.当代影视学[M].上海:三联书店,2006:10.

[3]吕叔湘.现代汉语词典:第5版[M].北京:商务印书馆,2005:400.

[4]360百科.系统分类学[EB/OL].(2017-03-14)[2018-11-03].https://baike.so.com/doc/5708876-25153187.html.

[5]冯契.哲学大辞典:修订本[M].上海:上海辞书出版社,2001:366.

[6]互动百科.分类法[EB/OL].(2011-09-20)[2018-11-03].http://www.baike.com/wiki/分类法.

[7]刘习良.中国电视史[M].北京:中国广播电视出版社,2007:34.

[8]刘建明.宣传舆论学大辞典[M].北京:经济日报出版社,1992:828.

[9]熊高.电视新闻节目学[M].武汉:武汉大学出版社,2011:325-331.

[10]刘洁.纪录片的虚构[M].北京:中国传媒大学出版社,2007:106.

〔熊高,贺州学院特聘教授、三级教授、高级记者〕

系统分类视域下纪录片类型研究(中)

◎ 熊 高

Xiong Gao

摘要: 纪录片的真实当然包括影像真实,是"以现场实景为拍摄主体的"纪实性节目。"现场实景"的内涵包括"人、事、时、情、景"五个方面的真实。文章用因子分析法分析当下因时过境迁,或因无法拍摄,缺乏"现场实景"影像的纪录片采用"仿真再现""情景重现""光影呈现""动画演示""影视剧情景再现"等影像的真实性。在此基础上,提出相应的对策与解决方法,有利于我国纪录片创作和观众赏析。

关键词: 系统分类;纪录片类型;研究

一、从"以现场实景为拍摄主体"说起

与文字语言叙事不同的是,纪录片叙事既要有声音叙事(文字语言),更离不开图像语言叙事。没有图像语言,再真实的纪录片也不能称为"片"。2004年,鉴于我国电视节目蓬勃发展的实际,中广学会在

---

* 本文原载于《河池学院学报》2020年第40期第87～93页,收入本书时有改动。

广州的一次会议上,第一次对纪录片作出自己的诠释,将其界定为"以声画合一的现场实景为拍摄主体的纪实性节目"[1]。

中广学会的这一界定主要包含三层含义:一是纪录片的声画关系,必须是"声画合一",或者说"声画合一"为主;二是纪录片的影像来源,必须是以"现场实景为拍摄主体";三是纪录片的节目内容,必须是纪实性的。"声画合一""现场实景""内容纪实"是纪录片有别于其他影片(如专题片)的三个基本特征。

然而,平日里我们经常可以看到一些"非现场实景",或是部分"非现场实景"的纪录片呈现在观众的眼前。如,有的是事后补拍的"非现场实景",或是由演员想象事件情景而模仿重现的"非现场实景",是观众明眼便识的"今人充当古人"的影像,有的则是采用了艺术拍摄手法,或动画制作方式的"非现场实景",更有甚者采用影视剧当中的影像画面充当"现场实景"影像,等等,因而引发了人们对一些纪录片真实性的质疑。

回顾纪录片诞生 100 多年来的历史,我们发现人类第一部纪录片就是一部非完全意义上的以"现场实景"的手法拍摄而成的纪录片。1921 年,"纪录片之父"弗拉哈迪以"搬演"的手法拍摄了《北方的纳努克》,再现了爱斯基摩人住冰屋,捕杀海豹、海象和生吃猎物等原生态生活的情景。不料,该片公演后却引发了人们对纪录片影像画面真实性的批评,指责弗拉哈迪有悖于事实。这是因为,此时的爱斯基摩人已经进入了文明社会,不再住冰屋,也不再捕杀海豹、海象和生吃猎物了。

面对人们的指责与批评,弗拉哈迪的学生、英国纪录片大师约翰·格里尔逊在一篇影评中把这种因时过境迁、缺乏影像,但在事件的原发地,原班人马按照原来的情景、过程拍摄而获得的影像,称为"搬演复原"性影像。格里尔逊还于 20 世纪 30 年代在英国倡导和组织了著名的"纪录片摄制运动"。

在弗拉哈迪、格里尔逊、伊文思等一批纪录电影大师的带领下,纪录片的创作者们一次次地创新了"重现""再现""呈现"和"动画演示"等制作方式来解决因时过境迁、无影像画面的问题,创作出无数影像精美的历史题材、考古题材、战争题材、文化题材和科学题材的纪录影片。从我国创作实践来看,早期的纪录片创作是从现场实景拍摄开始的。据刘习良主编的《中国电视史》介绍,"早期的电视新闻工作者同时也是电视纪录片的创作人员","当时的电视新闻主要是指电视新闻纪录片。根据片长和时效,它可以分为新闻片和纪录片两种"[2]。

改革开放以来,特别是1988年底央视与日本东京广播公司合拍12集大型系列纪录片《望长城》后,我国纪录片创作进入了百舸争流的创作春天,作品形态各式各样,百花争艳。"仿真再现""情景重现""光影呈现""动画演示"等创作手法层出不穷,异彩纷呈。其积极意义是用影像手段为观众还原了众多的历史事件,创作了一大批制作精良的历史文化题材的纪录片,极大地丰富了电视屏幕内容,但因影像过于精良和具有表演性,超出了"原生态"的范畴,引发了人们对纪录片真实性的质疑与批评。前中央电视台台长、高级编辑杨伟光认为,纪录片是"表现非虚构内容的电视节目种群,是直接拍摄真人真事,不容许虚构事件,基本的叙事报道方法是采访摄影,即在事件发生发展的过程中,用挑、等、抢的摄影方法,记录真实环境、真实时间发生的真人真事"[3]。中国传媒大学教授高鑫对"现场实景"影像进行了具体的量化,即"运用新闻镜头,真实地记录社会生活,客观地反映生活中的真人、真事、真时、真情、真景,着重展现生活原生态和完整过程,排斥虚构、摆拍和扮演的新闻性电视节目形态"[4]。苏州大学教授倪祥保、钱锡生更是一针见血地指出,纪录片"是包含了故事影片、动画影片在内的所有'艺术影片'的对立面"[5]。"纪录影片所拍摄的内容必须是生活中真实存在的事实,不容许任何虚构。这种影片都在现场拍摄,一般不事后补拍。"[6]

一边是创作日益繁荣的业界,另一边是质疑批评不断的学界。这样,我们就不难理解作为国家级学术团体和评奖机构的中广学会为什么会对纪录片这样一个电视片种作出自己的学术诠释与界定了。

二、因子分析法下的"重现""再现"与"呈现"影像

纪录片的真实包括影像真实,但历史不会重演,没有现场影像,纪录片的呈现就是一句空话。我们应当怎样看待因为时过境迁而采用"仿真再现""情景重现""光影呈现""动画演示"等手法创作来呈现历史事件、历史题材、历史文化影像的纪录片呢?

对照中广学会"现场实景"的影像要求,结合杨伟光、高鑫等众多学者对纪录片影像真实"五要素"("真人""真事""真时""真情""真景")的要求,笔者采用因子分析法对"现场实景""搬演复原""情景重现""仿真再现""光影呈现""动画演示"和"影视剧情景再现"等创作手法所呈现的影像事实的主成分的真实性进行分析。

因子,即因素、元素、成分。所谓因子分析法,简单地说,就是把由多个复杂因素构成的事物解构为若干个由重到轻依次排列的主成分,然后通过权重计算法,对构成主成分的各因子作出总体性评价。按照这一分析方法,笔者把"现场实景"所含的"真人""真事""真时""真情""真景"当作5个因子,分析当下纪录片影像创作"现场实景""搬演复原""情景重现""仿真再现""光影呈现""动画演示"等方式的真实程度,设置相应的权重,便可发现它们在影像真实程度上其实是不一样的。影像真实度因子分析详见表1所示。

表1 影像真实度因子分析

主成分(影像)		因子					
		人真/权重	事真/权重	时真/权重	情真/权重	景真/权重	合计/权重
现场实景类	现场实景	0.35	0.35	0.10	0.10	0.10	1.00
	搬演复原	0.35	0.35	0.00	0.10	0.10	0.90
非现场实景类	仿真再现(演员)	可信度较高≈0.30	0.35	0.00	形似≈0.10	形似≈0.10	≈0.85
	情景重现(他人)	可信度较低≈0.20	0.35	0.00	形似≈0.10	形似≈0.10	≈0.75
	光影呈现	相似≈0.30	0.35	0.00	形似≈0.10	形似≈0.10	≈0.85
	动画演示	—	0.35	0.00	形似≈0.10	形似≈0.10	—
	影视资料再现	—	0.35	0.00	形似≈0.10	形似≈0.10	—

注:"—"表示无法取得数据。

我们可以把纪录片影像分为两大类:现场实景类和非现场实景类,前者包括现场实景和搬演复原,后者包括仿真再现、情景重现、光影呈现、动画演示、影视资料再现。

(一)现场实景类

1.现场实景

从逻辑性上说,现场实景影像的真实度最高,为100%,完全符合"真人""真事""真时""真情""真景"的要求,因此可以将此真实度权重设置为1.00,并以其为参照标准。笔者将现场实景影像的因子分为5个方面,包括人、事、时、情、景。这5个因子中的任何一个,既是独立的信息因子,又是一个事实层层递进、不可或缺的整体的一部分。

笔者把影像真实度总权重设置为"1.00",人、事、时、情、景5个现

场实景因子,按其重要性依次设定为"0.35""0.35"和"0.10""0.10""0.10"。相应的解释如下:

(1)人,是最根本、最重要的要素。"人"是万事万物的主体,无论是英雄创造历史、改写历史,还是奴隶创造历史,都始终是人创造出"事"来。因此,笔者将人的权重设置为"0.35"。

(2)事,是纪录片叙说故事的核心要素。影像虽然有叙事的功能,内含有何人、何事、何时等要素,但它又存在影像信息的片段性、不连贯性和信息的歧义性。这就是说,影像画面在叙事时有时无法独立完整地讲述"故事",需要解说词配合才能准确、完整地表达意义。基于此,笔者把由解说词配合而成的"事真"的权重设置为与"人真"的权重相等,位列其他因子之前。

(3)笔者把"时""情""景"3个因子的权重设为并列,均为"0.10"。这是因为:人的活动,包括不同时间、不同地点、不同环境、不同情境的活动,形成了一种"什么人,在什么时候,什么地点,发生了什么事,现场具体的场景、情境如何"的行为模式。

2.搬演复原

"搬演复原"影像,由于是事后的复原性补拍,虽可归类为"现场实景"影像范围,但因"时"因子不真实,其真实度下降到了"0.90"。

(二)非现场实景类

非现场实景类的"仿真再现""情景重现""光影呈现""动画演示""影视资料再现"5种情形中,由于"人"的不"真",由此产生的"人"对"事"、对"情"、对"景"理解与把握的偏差而获得的影像,可能与"现场实景"只是一种"相似"或"形似"。更为重要的是,由于是人来扮演,会或多或少地留存表演性、观赏性的痕迹,其权重设置为"0.20"~"0.30"。

1.仿真现再、情景重现

"仿真再现""情景重现"是演员或他人仿照故事情节扮演的影像。

二者相较,相同的是都由人来扮演;不同的是,"仿真再现"是由专业演员来扮演,"情景重现"则是他人(非专业演员)扮演,专业演员的专业素养、演技水平和对故事情节的理解与把握均要高于非专业演员,因此,前者的真实程度因子权重要高于后者。

2.光影呈现

光影呈现,是运用光影技术,如利用逆光和影子的特性,规避人物的面部形象,产生较好的"见人(包括动作)不见容"的叙事效果。

3.动画演示

动画演示,是运用现代电脑技术制作出来的影像。从观感上来看,动画演示与现场实景有着很大的区别,观众便于识别:这是"动画演示"影像而非"现场实景"。

4.影视资料再现

影视资料再现,是将电影、电视剧相关影像或同一题材的影像画面填充到纪录片中。

需要说明的是,纪录片在讲述一个真实故事的同时,重要的是要让观众获得真实或是较为真实的视觉感受,但真实感与真实是两个不同的概念。所谓真实,是与客观事实符合;而真实感则是指与实际情况相符的感觉。也就是说,与"现场实景"影像相比,"仿真再现""情景重现""光影呈现"等影像可能只是一种"相似""形似"的真实感,相似度越高,给观众的真实感就越强,反之,真实感就越弱;如果是违反常理、常规、常识,或是让观众看出了破绽,观众的真实感就可能下降,直至降到"0"。

三、对"重现""再现"与"呈现"等影像方式的思考

"重现""再现"与"呈现"等影像方式是一把双刃剑,它一方面解决了因时过境迁、无影像的问题,另一方面又引发了纪录片的真实性问

题。笔者以为,从根本上说,提升纪录片影像的"真实感"是关键。同时,还可采用以下方式解决"现场实景"影像缺失问题,见表2。

表2 影像呈现的真实性因子分析

序号	影像呈现方式	影像来源	影像特点	真实性因子分析
1	访谈重现	现场实景	声画同步	人、事、时、情、景真实
(1)	本人叙说	现场实景	声画同步	人、事、时、情、景真实
(2)	亲友叙说	现场实景	声画同步	人、事、时、情、景真实
(3)	学者叙说	现场实景	声画同步	人、事、时、情、景真实
2	搬演复原	现场实景	实拍	人、事、时、情、景真实
3	扮演重现	虚构性影像	由演员或他人扮演	a.需要规避人物面部形象；b.场景需要与气候、时代特征等一致
(1)	避实重现	虚构性影像	a.大景别；b.场景大、人物小；c.规避人物面部形象	a.突显"事"；b.虚化"人"；c.需要与小景别、小场景配套
(2)	细部重现	虚构性影像	a.小景别；b.呈现细节	a.突显"事实细节"；b.规避"人"；c.需要与大景别、大场景配套
(3)	光影呈现	虚构性影像	利用逆光和影子的特性,"见人不见容"	a.虚化"人"；b.暗示动作主体的动作
4	实物重现	现场实景	实拍	事的真实
5	资料重现	静态实物	实拍	事的真实
(1)	影视资料再现	虚构性影像	同一或相似题材的影视资料	需要告知与现场实景的区别
(2)	照片、图片、图画	静态实物	实拍	事的真实
(3)	书(信、籍)报刊	静态实物	实拍	事的真实
(4)	模型	静态实物	实拍	事的真实
(5)	声音			原音
6	动画演示	虚构性影像	电脑制作	场景需要与气候、民族、地理环境、时代特征等相一致

(一)访谈重现

访谈重现是运用采访同期声的方式,由事件的当事人、知情人、相关人等将自己亲身经历的事实或是将自己的见解直接叙说出来,达到重现事实目的的再现方式。访谈重现的实质就是采访撷取当事人、知情人、相关人的同期声。访谈重现的作用主要表现在两个方面:一是访谈重现不仅能够较好地解决"现场实景"影像不足的问题,还能够直接充当节目的解说词,是纪录片最直接的"用事实说话";二是影像叙事只是一种片段式的记录事实,特别是对那些细节事实的评论,画面影像可能"无能为力",运用访谈形式则可以更加细致、更加生动、更加有趣地重现事实。访谈重现又分为本人叙说、亲友叙说、学者叙说等形式。

1.本人叙说

本人叙说是指直接由当事人回忆叙说事件过程、情景、背景及环境。由于是故事亲历者的直接叙说,因此具有很高的史料性和真实性。

2.亲友叙说

亲友叙说是指由于种种原因,事件当事人无法或不能接受创作者的采访,而由当事人的亲友把从当事人那里了解到的事实向创作者转叙。

3.学者叙说

学者叙说是指相关专家学者将自己对此事的研究和相关的背景材料以及自己的见解叙说出来。学者的叙说重现具有很强的讲解性和分析性。

(二)搬演复原

搬演复原亦称"重拾现场"。为了解决纪录片时过境迁、无影像的问题,伊文思在总结前人纪录电影"搬演"的基础上,公开表达"在一定条件下可以有节制地使用'复原补拍'"。伊文思认为"重拾现场""复原补拍"是电影纪录拍摄中的合理手段。他说:"重拾现场应该始终是在事件发生的现场并由现场的人重演。如果脱离了现场而在摄影棚里或在制片场内的外景场地上表演场景,由一些感情上脱离了真实情境的演员或临时演员来扮演真人真事,就陷于危险境地了,就有可能使影片失去真正的纪录片的实质,就会丢弃纪录片形式的一个最必要的武器:真实。"[7]

(三)扮演重现

扮演重现是指通过演员或他人的扮演来重现事件的现场。我国有很多历史题材、考古题材以及人类学纪录片,就是采用扮演重现或曰模拟重现的手法来再现历史上曾经发生的某一事件或某一场景的影像。模拟,首先不是虚拟。虚拟的本质是"无中生有",而模拟是在"有"的基础上的"模仿"。人们对模拟重现看法不一,事实上"美国有些纪录片并不排斥扮演。这是一种为了再现事件所采取的形象化手段"。也有人主张将"这些扮演公开声明或向观众暗示,以示模拟再现与真实记录的区别"[8]。扮演重现的要义是虚化或规避人物形象,避免"今人充当古人"的嫌疑。具体方式有以下几种。

1.避实重现

这里的"实"是指人物面部形象。所谓避实重现,是指在模拟重现某一历史事件现场画面时,有意虚化画面人物形象,避免以"今人充当古人"之嫌,达到既再现事件过程影像又规避画面人物目的的影像重现。虚化了人物的面部形象后,所谓"人",即是一个形似的"人"。例如,重现某一历史事件冲突时,采用大景别影像拍摄。大景别(大远景)影像能够较好地规避画面人物形象,这是因为,大景别的影像特点是场景大而人物小,能较好地规避人物形象清晰的问题。避实重现影像能够较好地填补无影像画面的空白,观众看到的影像画面仿佛只是一幅有动感的历史画卷,或是一种对历史事件的回顾。避实重现的要义,是避实就虚地重现事件,尤其是要避开重点人物的形象。

2.细部重现

与避实重现相反,细部重现是使用小的景别来再现事件局部影像,如厮杀中的兵器、招展的旌旗、人行走时的双腿、演奏时的双手等等。细部重现的特点主要有:一是在规避人物影像的前提下,能够重现现场的细节,增强画面的感染力;二是与大景别、大场面结合起来,配套使用,形成细节蒙太奇。

3.光影重现

光影重现是利用光影效果来暗示动作主体重现事件影像的摄制方法,如利用逆光或是影子来重现某一具体场景影像。光影重现法的最大好处是"见人不见容"。这样既可以栩栩如生地把事件现场重现出来,又能有效地虚化画面中人物的具体形象,较好地避免"今人充当古人"的问题。

(四)实物重现

时过境迁,往事如烟。随着事件的结束,现场实景也就随之烟消云散,但人类活动的遗迹、遗址、遗物,如石碑、石刻、岩刻、崖刻、字画等,并没有因为时过境迁而湮灭。相反,这些实物忠实地、年复一年地向后人叙说着历史的那一段或那一幕人类活动的故事。例如,在《话说长江》第九回"大足石刻"这一集中,就采用实物重现的方法,拍摄了大足石窟的文殊菩萨、数珠手观音、普贤菩萨,以及六道轮回图、父母恩重经变图、九龙浴太子图、释迦涅槃圣迹图、护法神雕像、地狱变相图等大量实物,讲述了鲜为人知的重庆大足区摩崖石刻的故事。大量利用实物重现历史事件,不但可以有效地填充"现场实景"影像,对影像的真实性也无损伤。

(五)资料重现

这里所说的资料,主要指影像资料,也包括运用一定物质材料存储下来的并可再次利用的知识信息,如照片、图片、书刊、声音等。资料既是知识的重要来源,更是纪实节目重要的组成部分。资料重现虽然不是"现场实景"的影像,但可以填补和丰富电视纪实节目的影像空白,还可以形成节目厚重的历史韵味。

(六)动画演示

现场是拍摄的唯一工作对象,失去现场这个工作对象,摄制纪录片就成了一句空话。伴随着数字技术的发展,采用电脑制作的办法弥补现场实景影像的缺失成为可能。例如,纪录片《汉字五千年》采用大量的动画演示方式,介绍汉字的起源和含义。采用电脑制作影像,主要出于以下三种情形:一是现场受到保密控制等因素制约,创作者和摄像机都无法进入现场而采用电脑制作的办法获取画面。二是条件不允许、无法拍摄。例如,我国的"嫦娥"奔月距离地面之遥、速度之快,是无法通过拍摄方式来获取的。事实上,我们看到的一些"嫦娥"奔月和登月的画面,是通过电脑模拟制作出来的。三是反映事物复杂关系,需要采用电脑制作图表画面。我们在电视画面上经常可以看到一些图表画面,如结构图、排列图、关系图和流程图等就是通过电脑制作出来的。图表的作用是使观众一目了然,具有"一图抵千言"的作用。

四、结语

任何事物都具有两面性。通过"重现""再现""呈现"等方式获取的影像,一方面解决了历史"已逝"、事实无影像的问题,另一方面又引发了画面真实性的问题。这是因为,无论是"搬演重现"还是"扮演重现",始终存在一定的表演性,因此都应当视为一种补充性画面。"重现"画面过多,人物表演过多,难免损伤作品的真实性。对于观众来说,一方面,没有事实影像就会有一种"遗憾";另一方面,不真实的影像意味着节目是对自己的欺骗。因此,应当按照"少而精""简约""虚实结合"的原则,有条件地限制使用"重现影像"。

(一)访谈重现影像的使用

访谈重现影像是一种现在拍摄、通过同期声的方式追述再现事实的影像。这种以声音为主、以听为主的影像,对于观众来说,具有很高的可信度。因此,可广泛用于纪录片的创作。

(二)搬演重现影像的使用

重拾现场影像,是一种真人真事,并在事件发生地拍摄的"搬演",其影像也具有较高的可信度,因而也可用于纪录片的创作。

(三)扮演重现影像的使用

模拟重现影像由于是一种呈现真事,但非真人,可能也是在非事件发生地的拍摄"扮演"(非事实本身的影像),需要有条件地谨慎使用。

所谓有条件地谨慎使用,有三层含义:一是非现场实景影像的量不能过多,能不使用坚决不用,宁可采用实物重现和观众意会的动画演示;二是通过拍摄手段以示区别(如避实重现、细部重现、光影重现);三是通过色彩方式,如灰黄、黑白、灰色等以示与事实影像的区别。[9]

总之,使用重现影像,需要"公开声明或向观众暗示",以示影像与现场实景的区别。具体方法有:一是明示,即在画面影像上标明"资料"字样。二是暗示,即通过画面色彩、色调等技术处理,以示与现场实景影像的区别,如黑白照片与彩色照片的区别;灰色、灰黄色的画面影像,既能区别重现影像与事实影像,又能表现厚重的历史感;等等。

注释

[1]郭宝新.2003年度中国广播电视新闻奖社教佳作赏析[M].北京:新华出版社,2005:451.

[2]刘习良.中国电视史[M].北京:中国广播电视出版社,2007:43.

[3]石屹.电视纪录片:艺术、手法与中外观照[M].上海:复旦大学出版社,2000:195.

[4]高鑫.电视纪实作品创作[M].上海:学林出版社,2002:16.

[5]倪祥保,钱锡生.当代影视学[M].上海:三联书店,2006:116.

[6]辞海编辑委员会.辞海:缩印本[M].上海:上海辞书出版社,1979:1153.

[7]尤里斯·伊文思.摄影机和我[M].七海出版者,译.北京:中国电影出版社,1980:683.

[8]单万里.纪录电影文献[M].北京:中国广播电视出版社,2001:640.

[9]熊高.电视新闻节目学[M].武汉:武汉大学出版社,2011:331.

〔熊高,贺州学院特聘教授、三级教授、高级记者〕

系统分类视域下纪录片类型研究(下)

◎ 熊 高

Xiong Gao

摘要：纪录片的分类涉及创作者参与事件的程度、叙事方式，涉及声画关系，更涉及影像呈现等方方面面。也就是说，不同的叙事方式、不同的声画关系、不同的影像呈现，形成了不同风格、不同样式和观众不同视觉感受的纪录片。我们把那些叙事方法、风格、方式和影像呈现比较明显的纪录片，称为"××式"纪录片。

关键词：系统分类；纪录片类型；研究

在本研究(上)中，笔者介绍了北京师范大学教授张同道从内容和受众两个层面对纪录片进行的分类，但笔者以为，纪录片的分类还涉及创作者参与事件程度、叙事方式，更涉及声画关系、影像呈现等方方面面。也就是说，不同的叙事方式、不同的声画关系、不同的影像呈现决定了纪录片风格、样式的不同和观众的不同视觉感受。

一、参与事件程度不同，形成不同样式的纪录片

纪录片创作不但要选题，采访收集故事资料，了解事件的来龙去

---

* 本文原载于《河池学院学报》2021年第1期第55～59页，收入本书时有改动。

脉和它产生的背景、影响和意义,还要深入现场拍摄实景影像、进行后期制作等等。换言之,纪录片创作需要选题、需要采访收集、需要拍摄,就离不开生活(事件)现场。

不管创作者的立场、观点如何,只要身临其境,都会不由自主地、程度不一地参与到事件中,对现场情景产生或震撼或激动、或同情或悲伤、或期待或关切等程度不一的现场感受。"摄像机'在场'的存在,证明了现实世界的存在。拍摄者与被拍摄者之间存在着直接的、亲密的、个人化意味的参与感或契合感。它同样也确定某种真实感,这种真实感使我们觉得那些事件就这么发生了。"

华东师范大学教授聂欣如因此把纪录片分为这样三种情形:"主观参与度最高的,称为'艺术纪录电影';主观参与度最低的,称为'科教纪录电影';主观参与度适中的,称为'纪录电影'。"报告文学作家魏巍指出,"在现实生活中的深入感受,对写作的人是多么重要,你感受得深,写出来也就必然有那么一股子劲,人家读了,也就感受得深,你感受得浅,人家从你这儿也就感受得浅"。纪录片创作也是如此。创作者在现场的感受都会或多或少、或隐或显地体现在自己的作品当中,从而形成不同样式的纪录片。

(一)参与式纪录片

参与式纪录片又称"自我参与式"或"自省式"纪录片,是创作者以某种"角色"参与到事件中来记录事件。如创作者以考古队员、科考队员的身份参与到事件当中。这样创作者的身份是双重的,他既是纪录片创作者,又是此项活动的参与者。创作者由于有了"双重"身份,也就能够方便地、深层次地进入事物的内部,亲身在现场感受事件,耳闻目睹地感受生活与发现问题。这样既可以获得生动的现场材料、现场实景、现场的真情实感,加深对事物的理解与认知,增强纪录片的可信度和生动感,又"能较好地克服观察式的某些不足,对事物从现象到本质、从过程到细节地把握事物的真实"。如央视《远方的家》纪录片栏目,正是采用了参与式创作手法,进入事物内部,从而也拉近了影片与观众之间的距离,让观众能够从影片中获得文化认同感。参与式纪录片主要有三个特点:一是创作者能够方便地参与到事件当中;二是创作者与现场中的采访对象能够形成一定的互动;三是片中可见创作者进行采访、拍摄工作的身影。

(二)引领式纪录片

在参与式纪录片当中,引领式是参与事件程度最高的。此类纪录片是纪录片创作者以主持人的身份,模拟导游或是讲解员的角色,从头至尾贯穿整个节目。我国第一部引领式纪录片《望长城》,主持人焦建成仿佛是一位导游引领着观众从东到西走遍长城。主持人每到一处,便向我们讲述长城两边的相关故事,或是向被摄对象提问,请被摄对象回答观众关心或是观众可能不知道但有文化内涵的问题。引领式纪录片主要有三个特点:一是创作者参与事件的程度最高。主持人作为纪录片节目的一个主要元素,犹如一个导游从头至尾引领观众并贯穿整个节目过程。二是现场实景,包括同期声在内的画内音所占比重较大。主持人现场的解说声音、被摄对象的声音以及现场声响等都随着影像画面成为画内音。三是强调主持人与被摄对象的互动。面对现场场景,特别是有内涵、有故事的景物,主持人和观众都有可能看不懂、看不明白。此时,主持人代表观众向被摄对象提出问题,然后由被摄对象讲解眼前景物蕴含的故事。央视《走遍中国》栏目的纪录片多为这一节目样式。

(三)观察式纪录片

观察式纪录片亦称"直接电影"或"真实电影",是创作者以第三人的身份,跟随事件发生发展过程,但不直接参与事件,重在对事件过程进行观察记录的一种纪实性节目。有人将观察式纪录片的创作者形象地比喻为墙上的苍蝇,置身事外,静静地作壁上观,不参与事件的发展、变化,充分尊重客观事实,为观众呈现事物的最原始状态。

观察式纪录片的最大特点是"见证",见证事物(件)的发生、发展和变化,其创作者是旁观者,不干涉、不影响事件的过程,只作静观默察式的记录。同时,不需要采访、不用灯光,也不作解说,排斥一切可能破坏生活原生态的主观介入。因为这种创作始终跟随事物,故被某些人称为"跟臀"式创作。

观察式纪录片是创作者参与事件程度最低的。它要求创作者始终保持"距离第一、参与第二"的创作态度,"既要深入现场、深入生活,通过对事物的观察,耳闻目睹眼前发生的事实,又要与事件保持一定的距离、独立思考",在片中不能留下创作者的痕迹。人类学纪录片大多采用此种样式来呈现少数民族生存、生活的场景。

(四)追述式纪录片

追述式纪录片是一种以新近发生或是发现的某一事实为线索,对"曾经发生"的历史事件、历史人物等追踪再现的纪录片样式。

在人类历史的长河中,发生了一个个繁衍生息、征服自然、创造文明的伟大故事,但时间久远,现场消失,物是人非。从叙事结构上说,追述式纪录片以新近发现的某一线索为依据,通过不断地追寻、探访、发掘等来还原与重现"曾经发生"的历史事件、历史故事及其过程。叙事材料"以新带旧"是追述式纪录片常见的一种叙事方法,即以新近发现的某一事实作为故事的一个"由头",通过不断追寻和发现,刨根究底地把"曾经发生"的历史事件发掘出来呈现给观众。如央视纪录片栏目《走遍神州》就曾大量采用这种方式追述考古发现等历史。

(五)阐释式纪录片

阐释即阐述与解释,阐释式亦称"格里尔逊式"。阐释式纪录片是一种在事实基础上,创作者尤其重视主观解读的纪录片样式。换言之,阐释式纪录片具有浓厚的主观性。它的这种主观性既可能与创作者的政治立场、民族文化、宗教信仰等有关,也可能与创作者的知识结构、观察问题的角度与对事物认识的深浅等有关。

阐释式纪录片创作强调"主观阐释第一"的创作理念。首先表现在"主题先行"上。创作者通常根据"主题与选题"的需要来选取事实材料，即把符合主题需要的事实材料纳入创作，将不符合主题需要的事实材料排除在创作之外。其次是选题的重大性、解读事实的指导性和观后的启示性，构成了阐释式纪录片创作的"三要素"。如系列纪录片《大国崛起》，分别从政治、经济、民族文化、人文地理等不同层面，阐述并诠释了英、法、德、美、日和俄罗斯等国家由小变大、由弱变强、迅速崛起，成为世界级大国的历史必然。最后，它的叙事方式是一种典型的"解说词＋画面"，解说词用来叙事，画面用于证实。二者的关系，是画面服从或服务于解说词。由于阐释式纪录片创作强调"主观阐释第一"，所以它始终如一、不厌其烦地向观众灌输着创作者自己的观点和自己对事物的看法，其解说声音被称为"上帝的声音"。

二、叙事方式的不同，形成不同风格的纪录片

纪录片讲述故事既要有影像，又要有声音，是看与听结合的影片。但如遇到时过境迁、缺乏影像的历史选题，也就没有影像画面可言了。在此种情况下，创作者主要采用口述、讲述、聊侃、访谈等方式来还原事实。

（一）口述式纪录片

口述式纪录片是由当事人或亲历者口头叙说"曾经发生"的重要事件的纪录片样式。选题距今并不久远、当事人还健在，是创作此种纪录片的基本前提。这种纪录片采用当事人回忆叙说亲历事件的起因、过程、变化、情景、感受等，配之以少量的相关历史影像资料，不仅能还原历史事实，更由于是事件当事人直接口述事实，具有很强的史料性和原汁原味性。例如，凤凰台开设的《口述历史》就属于这一类型的纪实性节目。口述的地点，既可以是在演播室，也可以是在口述人的家里或是工作地点等。此时，主持人的作用主要是引出话题、提出

问题和进行内容的起承转合。评论事实的任务一般由解说词来承担。

(二)讲述式纪录片

与口述式纪录片不同,讲述式纪录片是由主持人在演播室或是在故事主体曾经生活和工作的地方,依据一定的史料来讲述故事,配之以嘉宾、学者解析事实的同期声和影像画面制作而成。如央视的《国家记忆》《档案》和一些省级卫星频道开办的《大揭秘》等纪录片栏目就属于这一节目样式。在讲述式纪录片中,嘉宾、学者的作用主要是对事实的证实、解析和评论,或作"点缀"性的讲述,而介绍事实的任务主要由解说词(画外音)来承担。从整体上看,讲述式纪录片具有很高的"人的主观参与度"。

(三)聊侃式纪录片

与口述式、讲述式不同的是,聊侃式纪录片是通过两个人(最多不超过三个人,其中一位是主持人)围绕一个具体的选题,配以少量的史料图片和相关影像来讲述一个故事。上海台的《文化中国》栏目就是这样一种节目样式。其节目主要有三个特点:一是此类节目是聊侃人的"二人转"节目,即一方为节目的主持人,另一方则由对事实(件)有着一定研究的专家学者担任。主持人的作用是引出话题、起承转合和部分评论事实,另一方的作用则是介绍事实、阐释事实。二者的关系不是简单的"一问一答"的关系,而是同为创作的主体,根据各自"角色"的分工参与到节目中。二是节目风格上,二人似乎是在闲聊,但绝非漫无目的地"侃",而是围绕选定的话题述说一种文化现象或是一个历史事实。三是节目内容带有很强的"茶余饭后"的特性,通常是围绕历史上一个真实的故事,同时也会把坊间的一些传说和野史中的一些相关内容纳入创作范畴,从而大大增强了故事的趣味性和可听性。

(四)访谈式纪录片

访谈式纪录片主要有两个特点:一是访,寻访、探访;二是谈,交谈、交流,即纪录片创作者(主持人)与采访对象双方的交谈。访谈的地点可以是演播室,也可以是访谈对象的工作地点。如 2012 年 6 月,我国首位女宇航员刘洋与另外两位男宇航员一起搭乘"神舟九号"飞向太空。半年之后,刘洋应邀作客北京电视台《杨澜访谈录》纪录片栏目。刘洋向杨澜讲述了自己从一名普通的解放军战士成长为我国第一个女宇航员的过程,她从地面飞向太空的感受,在太空的工作、休息情况,以及自己从太空回来后身体发生的变化和她的家庭、爱情故事,等等。与口述式、讲述式、聊侃式纪录片不同的是,访谈式纪录片的"谈",是主持人与被访谈者两个人之间的交谈,有着很强的"一问一答"的特点。

三、声画关系的不同,产生不同的节目效果

纪录片是影像与声音的双重叙事,其声画关系是"声画合一",但也存在解说声"多与少",甚至"无"的问题。由此,也会产生不同的节目效果。

(一)画内音主叙式纪录片

画内音又称"同期声",即在撷取影像画面的同时获取的现场实景的声音。画内音主叙式纪录片是一种以故事(件)当事人、知情人或相关人(如专家、学者等)叙说事实的同期声为主,解说词叙说事实为辅的纪录片样式。

此种情形的叙事任务,主要由当事人、知情人或是相关人的同期声来承担,而作为画外音的解说词退居次要地位。解说词起到引出故事、起承转合、揭示主题和评论部分事实的作用。画内音主叙式纪录片属于"现场实景"影像的范畴。

由于叙说事实的声音是来自现场实景的声音,因此它既可以是事件当事人、亲历者、知情人或是相关人直接叙说事实、评论事实的声音,也可以是现场实况的声音,如唱歌、音乐的声音,以及机器的轰鸣

声、高山上的流水声等,还有可能是杂音、噪声等,因此有着很强的客观性。

(二)画外音主叙式纪录片

画外音即经创作者写作的解说词并经配音转换而成的人声语言。与画内音主叙式纪录片相反,这是一种由解说词主要承担叙事、同期声配合解说词叙说故事(件)起因、变化和评论事实的纪录片样式。也就是说,此种情形纪录片的叙事和评论事实的任务,主要由解说词承担,同期声则起着证实、补充、阐释的作用。如央视的《探索发现》栏目纪录片就多为画外音主叙式纪录片。

画外音主叙式纪录片的最大特点,是创作者能够"直接向观众进行表达,通过解说词、字幕或旁白提出观点,开展论述或叙述历史","这种模式还使得影片的分析过程变得更为简单,因为依靠解说词就可以简洁明了地表达观点"。由于解说词是创作者撰写的"直接向观众的叙说"或"提出观点",因而有着较高的"人的主观参与度"的痕迹。

(三)影像叙事式纪录片

影像是一种形象、直观的语言,同样具有一定的叙事功能。影像语言的最大特点是能够具体、形象地把事件现场的形状、情状、情景、动作、表情、色彩以及环境、数量等,明白无误、原汁原味地呈现给观众。

由于没有画外音,叙事的任务完全是由影像画面来承担。例如,《北方的纳努克》完全依靠影像语言真实地呈现了爱斯基摩人纳努克一家人在冰天雪地里捕鱼、狩猎等的生活情景。影像叙事式纪录片多用于人类学纪录片的创作。

四、不同影像呈现方式,呈现不同的影像信息

纪录片节目的类型与样式,与选题内容和影像呈现密不可分。从节目选题上说,纪录片的选题可分为"正在发生"和"曾经发生"两大情形。从影像获取上分析,现场实景是对"正在发生""正在进行"的事实的拍摄,而对"曾经发生""已经发生"的事实、事件,因为现场实景已经消失,也就无现场实景影像。纪录片的创作者将还原事实的目光投向"搬演复原""仿真再现"等方式。不同的影像呈现方式,呈现不同的影像信息,使观众产生不同的视觉体验。在本研究(中)中,笔者采用因子分析法对现场实景、搬演复原、情景再现、动画演示等影像呈现信息的真实性进行了分析。

(一)现场实景片

现场实景是对"正在发生"或"正在进行"的事实影像的记录,呈现的影像与现场实景的人、时、事、情、景五个方面是完全一致的。因此,现场实景纪录片选题多为"新闻纪录片"。有时为了抢拍"正在发生"或"正在进行"的事实,面对突如其来的瞬间影像,创作者有可能来不及对画面进行精心构图,而是"开机即是",画面也可能出现不平稳等问题。然而,正是这些"问题",以及"没有刻意和人工雕刻的痕迹,更显纪实性的特点"。

(二)搬演复原片

搬演复原简称"搬演"或称"重拾现场",是一种对"曾经发生"现已消失的事实,由事件原班人马在事件的原发地按照事物发生时的情景进行"复原性补拍"的纪录片样式。这就是说,搬演是一种复原性补拍。从源头上看,"搬演"源于弗拉哈迪拍摄的《北方的纳努克》。20世纪20年代,爱斯基摩人的生活发生了很大的变化,他们也不再以捕捉海象为生了,但对纳努克来说,他的先辈的生活方式、生活情景还历历在目。弗拉哈迪使用搬演的手法,在事件的原发地复原性地补拍了爱斯基摩人纳努克家人生活的情景。

(三)情景再现片

情景再现亦称"真实再现"或"模拟再现"等。与搬演复原片不同的是,情景再现片的"再现"是由演员扮演和比照事件的原来模样进行的"情景再现"。

情景再现片的真实性,只有"事"这个主因子可能是真实的,而影像主因子则带有虚构的性质。人们因此看法不一,对其争议也最大。为此,美国著名电影人、学者希拉·柯伦·伯纳德说:"再现的手法因此而受到质疑,除非你让观众清楚你的这些人为手段。"在本研究(中)中,笔者主张多用"避实重现""细部重现""实物重现""光影重现""模拟重现"等手法,规避"今景当古景""今人当古人"等影像失真的问题。同时,还应将"这些扮演公开声明或向观众暗示,以示模拟再现与真实记录的区别"。如纪录片《鲁迅的1936》为了再现鲁迅在1936年这一年的生活情景,使用了为数不少的扮演重现影像,如演员模仿思考问题的鲁迅、奋笔疾书的鲁迅、生病服药的鲁迅等等。该片对"再现"影像使用了灰黄色彩、虚化形象和在屏幕右上方叠加"真实再现"字样等多种手法,暗示和明示观众本段影像是模仿影像而不是真实影像。

(四)动画演示片

这是借助数字技术,模拟故事(事件)可能出现的情景,通过电脑制作直接生成一种虚构性画面的节目样式。例如,大型纪录片《楚国八百年》就大量使用了这一方式,为我们讲述了"南蛮"楚人的忍辱负重、奋起自强、学习中原文化、发展强大,最后贪图享受、内耗衰败的故事。在画质上,动画演示影像与真实影像有着很大的不同,观众也易于识别:这是"制作的画面"而非现场实景,也就能够较好地消除观众对影像不真实的疑虑。

(五)文献资料片

文献资料是人类知识的来源,在用于纪录片创作时具有交代背景、拓展知识、填充现场实景的不足、形成节目丰厚的历史韵味的作用。

文献资料包括影像、照片、图片等,也包括手稿、书报、刊物和往来信件等原始资料。"从专业使用的角度上说,文献和材料都是指公共或私人的资料以及从出售商那里得到的可用资料:家庭电影、业余录像、监视录像以及为公共关系、教育或培训所拍摄的镜头资料总体上都可以被描述为文献资料。"

采用文献资料方式来呈现事实时,解说词的写作就显得格外重要,同时还需要配以嘉宾(如专家学者、当事人、相关人等)阐释事实的同期声来讲述故事。这样的节目就具有原汁原味、原生态的性质。例如云南台《经典人文地理》栏目播出的八集系列纪录片《中国远征军》,就大量采用曾经拍摄的历史影像资料和报刊资料,为我们讲述了中国军队第一次跨境作战,打击日本侵略者的故事。

在此类纪录片当中,解说词占据主导地位,加上专家、学者同期声的诠释和评说就能完整地讲述一个故事。

五、结语

总之,纪录片创作的"四种情形""十八种式样"各有各的特点,也各有各的用处,但都是基于创作者"理解事实后的真实"等多重因素来讲述故事,有的是由于现场实景影像的不足,有的则是出于制作时间、制作成本、资金投入等因素考量。在影像呈现方面,不是截然分开的,更不是"非此即彼",而可能采取交叉重叠的创作方式来呈现事实。也就是说,创作者有时为了讲述一个故事而同时采用多种影像呈现方式。只是为了表述上的方便,笔者才把那些叙事方法、风格、方式和影像呈现比较明显和占比比较大的,称为"××式"纪录片。

参考文献

[1]尼可尔斯.纪录片导论[M].陈犀禾,刘宇清,郑洁,译.北京:中国电影出版社,2007.

[2]倪祥保,钱锡生.当代影视学[M].上海:上海三联书店,2006.

[3]中国社会科学院研究生院新闻系.知名记者谈新闻采写[G].北京:中国社

会科学院研究生院新闻系,1997.

[4]熊高.电视新闻节目学[M].武汉:武汉大学出版社,2011.

[5]360百科.直接电影[EB/OL].(2020-09-25)[2020-11-20].https://baike.so.com/doc/4365350-4571036.html.

[6]伯纳德.纪录片也要讲故事[M].孙红云,译.北京:北京联合出版公司,2015.

〔熊高,贺州学院特聘教授、三级教授、高级记者〕

新时代讲好中国故事纪录片教育的探索与实践*
——以贺州学院卓越新闻传播人才培养班为例

◎ 刘称心

Liu Chenxin

摘要:纪录片是讲好中国故事的重要载体。进入21世纪以后,随着一系列精品纪录片的推出,纪录片越来越受到大众的关注,国产纪录片产业也呈现蓬勃发展的态势。但与之相对的是我国纪录片教育滞后,从而导致纪录片创作人才的匮乏,纪录片创作人才成为遏制我国纪录片发展壮大的瓶颈。在此背景下,贺州学院开启了纪录片教育的探索与实践之路。由贺州学院卓越新闻传播人才培养班学生创作的大型历史文化纪录片——《潇贺往事之红色记忆》成功登陆贺州电视台,并获得一致好评。这为新闻传播人才培养提供了可资借鉴的范例。

关键词:卓越培养;中国故事;纪录片教育

一、背景

纪录片是讲好中国故事的重要载体。进入21世纪后,《故宫》《大

---

* 本文原载于《贺州学院学报》2019年第1期第104～106页,收入本书时有改动。

国崛起》《舌尖上的中国》《大国工匠》等一大批精品纪录片的推出，引发了观众对纪录片的持续关注，尤其是2011年央视推出大型美食文化类纪录片《舌尖上的中国》后，更是引发了新一波收视热潮，中国纪录片由此进入了"公众时代"。纪录片行业展现勃勃生机。2012年，广电总局出台了《关于加快纪录片产业发展的若干意见》；2013年广电总局下发的《关于做好2014年电视上星综合频道节目编排和备案工作的通知》明文规定了自2014年1月起，上星卫视每天播出国产纪录片不得少于30分钟。央视纪录片频道、北京纪实频道、上海纪实频道以及金鹰纪实频道等上星纪录片专业频道，更是为纪录片的播出提供了前所未有的广阔空间，我国纪录片由此开始走向了社会化、市场化和专业化。

然而，与蓬勃发展的纪录片产业相比，纪录片专业教育以及纪录片专业人才培养仍然比较滞后，呈现课程体系不完备、理论教学与实践创作脱节严重、课堂较为封闭、与创作一线缺乏交流等一系列问题，导致纪录片创作人才匮乏，成为制约中国纪录片产业健康发展的一个重要因素。

2014年贺州学院正式成为全国应用技术大学（学院）联盟成员，学校也明确了整体转型为应用型大学的战略目标。结合学校的自身特点，贺州学院首个卓越人才培养项目——"卓越新闻传播人才培养计划班"，经过遴选，于2015年9月正式组班授课，开启了贺州学院纪录片人才培养的探索之路。

二、攀登新高度，构建人才培养方案

该项目是由贺州学院特聘教授、全国广播电视百优理论工作者，有着20多年业界工作经历的熊高发起组建，从广播电视编导、秘书学、汉语言文学等专业一年级学生中选拔学员。学生报名申请，项目组参考高考文化成绩、大一文化成绩以及笔试、面试等环节，择优录取，大二上学期正式组班上课。学生脱离原来的专业与班级,进入该项目学习。

秉承"以发表为抓手、以产出为导向"的培养理念,项目组构建起以攀登新高度(纪录片创作)为重点的人才培养方案。在总学分不变的情况下,按照"打好文化基础、突出知识转换、形成专业强项"的总体思路,优化课程结构,将培养方案分为文化基础、新闻传播、影视技术、纪录片创作4个课程群,每个课程群由5～12门课组成,形成知识的递进与课程的衔接,见表1。

表1 培养方案课程结构

课程类别	课程名称	学分
文化基础	古代文学经典导读、现当代文学经典导读、外国文学经典导读、文化学概论、艺术学概论、社会调查学、写作基础等	15
新闻传播	新闻学概论、广播电视概论、中国新闻史、外国新闻史、传播学概论、新闻采访、新闻写作、新闻编辑学、马克思主义新闻观、电视新闻节目学、文化媒介学等	25
影视技术	影视色彩学、视听语言、影视文化学、电视节目制作基础技术、电视摄像、电视节目编辑、电视节目包装等	19
纪录片创作	纪录片概论、纪录片类型研究、专题片文本创作、电视纪录片创作专题研究、人类学纪录片创作专题研究	15

(一)打好文化基础

新闻传播是以文化为基础的文化传播。基础不牢,地动山摇。基于此,项目组改革教学方式,以"规定"和"自选"相结合的方式,实施"111511"读书成才课后自主学习课程计划。其中,自学指标为"111",见表2。

表2 "111"学习指标

	指标代码	内容	具体要求	备注
文化基础培养	1	阅读	100部与新闻传播相关的文化书籍	精读20部
	1	背诵	100篇(首、段)经典作品	15篇新闻经典作品
	1	观看	100部(集、期)纪实类影视作品	无

(二)突出知识转换

应用型人才重在"应用",学生需要及时将课堂所学的专业知识转换为专业能力。为此,项目组把知识转换分为课程转换和整体转换两种。课程转换指专业实务课程的知识转换,新闻传播的采、写、编,影视技术的摄像、后期制作以及纪录片创作等专业实务课程,均设有实践环节和考核指标;整体转换指学生经过4年的专业学习,在媒体发表或播出"1万字新闻作品和1部15分钟纪录片",达到专业知识的整体转换。转换指标为"511",见表3。

表3 "511"学习指标

	指标代码	内容	具体要求	备注
能力培养	5	写作	50篇千字文	无
	1	发表	在主流媒体发表1万字新闻报道等纪实性作品	无
	1	创作	1部达到主流媒体播出要求的纪录片	不少于15分钟

(三)形成专业强项

纪录片是电视纪实性节目的高端片种,其创作涉及对事物(故事)的认识与理解、对事物的呈现与表现以及影像技术等诸多专业知识。项目组在设置文化基础、新闻传播、影视技术等课程群的基础上,重点引导学生通过对"纪录片导论""纪录片创作专题研究"等5门专业课程群的学习与反复训练,掌握纪录片创作的基本原理及方法。

三、以知识转化为抓手,构建应用型人才培养模式

应用型人才培养需要重点解决教学过程从理论到理论、"知而不会"的问题。为此,项目组建立了以"围绕一个提升、实施两项达标、'三退出'制度"为主要内容的人才培养机制。

(一)围绕一个提升

"围绕一个提升"指围绕学生提升专业技能所应当具备的各项专

业素养进行培养,如采访能力、写作能力、制作能力、策划能力等,引导学生及时将课堂所学的专业知识转化为专业能力。项目组对"新闻采访""新闻写作""电视摄像""纪录片创作"等专业实务课都设置有转换环节和具体的指标。

(二)实施两项达标

围绕"以发表为抓手、以产出为导向"的人才培养目标,实行校内学习达标加专业实践达标的"双达标"学习制度。校内学习达标:包括自主学习指标在内,各门课程达到学校规定要求;专业实践达标:在主流媒体发表1万字新闻(影视)作品,创作1部达到市级以上(含市级)主流媒体播出要求且时长不少于15分钟的纪录片。

(三)"三退出"制度

本项目推崇"四自"(自觉、自学、自醒、自强)学习理念,对不适应本项目学习或达不到本项目要求的学生,实行"三退出"(自愿退出、建议退出、责令退出)制度,退回原专业、原班级;对专业实践不达标的学生,允许其毕业,但不授予"卓越"称号。

四、以产出为导向,拓展合作培养新模式

纪录片是电视纪实性节目的高端片种,纪录片创作存在"一长二大"(创作周期长、难度大、篇幅容量大)的特点,纪录片教育教学难度大,出现"两个停滞":知名高校纪录片教育多停滞在理论研究层面,地方高校纪录片教育多停滞在"纪录片导论"之类的理论课程,而未实质性地进入栏目式纪录片教学和创作中。本项目迎难而上,攀登新高度,把纪录片教育作为主攻方向。

首先,按照"术业有专攻"的要求,根据项目组专任教师各自的兴趣与研究方向对其重新定位。项目组4名专任教师分工合作、各"攻"一块:1人负责新闻(文化)传播等专业基础教学;1人负责纪录片理论知识教学;1人负责电视摄像及后期制作教学;1人负责学生管理、实习安排及承担自主学习的考核工作。

其次,聘请媒体从业多年且具有副高以上职称的资深记者,加入教师队伍中。本项目先后从贺州电视台、贺州人民广播电台、《贺州日报》等媒体聘请3位专家加盟卓越教学,参与人才培养方案、实习基地建设、科研课题和作品指导工作,担任卓越学生的指导教师等,并为每一位业界教师配备一名助手,"一对一"地完善教学过程中的一些善后工作。

最后,创建播出平台,探寻校媒合作模式。2016年12月,项目组与贺州人民广播电台等媒体签订联合共建协议。次年1月,项目组与贺州电视台达成"共同选题、统一时长、统一风格、参与教学、学生创作、教师指导、达标播出"的要求,按讲述式纪录片的风格,创办纪录片栏目《潇贺往事》。采用"一年一个选题、一年一个系列"的形式,以挖掘贺州本地历史文化为选题,固定下来、持续下去。

在广泛调研的基础上,项目组规划了《红色记忆》《创业岁月》《扶贫路上》3个系列选题。

《潇贺往事》第一部《红色记忆》是2014级学生以贺州红色历史文化为选题,以讲述式纪录片"一集讲述一个故事"的形式,讲述在中共广西省工委的领导下,贺州人民在大革命、抗日战争、解放战争三个历史时期进行革命斗争的故事。经过近一年的努力,创作出17集(6个人物、4个事件、7个故事)历史红色文化系列纪录片《潇贺往事之红色记忆》,2018年6月25日,市委宣传部、文新广电局将其作为献给建党97周年的礼物,为此还专门举行了开播仪式。

截至2018年底,项目组共在贺州电视台播出23部/集、以贺州历史文化为选题的人文类纪录片,在《广西日报》、贺州人民广播电台、《贺州日报》等主流新闻媒体发表了40多万字的新闻(影视)作品,达到"学生批量制作、媒体批量播出"的校媒深度合作的目标,受到媒体的好评与欢迎。

参考文献

[1]何苏六.中国纪录片发展研究报告2013[R].北京:社会科学文献出版社,2013.

[2]何苏六,丰瑞.纪录片创作[M].北京:中国传媒大学出版社,2015.

[3]李淑娟.中国高校纪录片教育现状及发展对策[J].教育教学论坛,2017(23):220-221.

〔刘称心,贺州学院文化与传媒学院专任教师〕

基于新闻传播叙事基础的纪录电影

◎ 肖 军

Xiao Jun

摘要:纪录电影随智能影像技术而发展,从而具备了全新的创作生命力,由此进一步扩大了纪录片市场,相信纪录电影在未来将会产生更为持久的影响力及扩张力。纪录电影从诞生至目前高速发展中的各阶段,自始至终携带着明确的功能,即为观众呈现绝对的真实性。因此,这一功能特征便能对新闻传播叙事加以分析,从而融合进纪录电影的创作中。本文将分析新闻传播叙事和纪录电影于创作过程中的异同,并对二者的相互影响进行讨论,深入探究纪录电影在与新闻传播叙事融合应用中的价值,最终关注跨媒介的纪录电影的艺术发展路径。

关键词:虚拟现实;新闻叙事;跨媒介;纪录电影

一、引言

我国纪录片质量不断提升,由此为观众带来了更多制作精良的纪

---

* 本文原载于《新闻文化建设》2021年第2期第128~129页,收入本书时略有改动。

录电影,纪录片行业的产业规模增长速度较快,也对开拓纪录片市场产生重大影响。单以 2019 年为例,纪录片投入总值相比同期增长了 16.4%,各类纪录电影取得的票房累计超过 5 亿元,影片类型多数为生活、社会等现实题材。在新媒体技术及虚拟现实模式的融合开发下,我国纪录电影的发展逐步加快,进而推动了"纪录+"的电影制作模式,将社会现实反映在"泛纪实内容"中,不断提升我国纪录电影质量。纪录电影有其创作上的本真性,这与新闻传播叙事结构有较大关联,凭借融合新闻叙事方式,纪录电影未来会有更为广阔的艺术发展空间,并可充分提升观众观影时的融入感,增强观影效果。可以说,以新闻传播叙事为融合基础,在视角建构以及叙事逻辑上,纪录电影都能取得较高的应用收益。因此,分析两者关系,有其必要性。

二、新闻传播叙事在创作上与纪录电影的异同

首先,创作纪录电影时,真实性原则是首要把握的因素,而在此原则上,新闻传播叙事也有着类似要求。因此,两者有着原则上的一致性。新闻主要以纪实性作为其创作上的根本因素,而纪录电影则是将真实性作为其生命力,所以二者在创作上的融合有较高的契合基础,能在彼此协调运作下,产生较高的艺术价值。其次,新闻传播叙事的创作过程基于有效的采访素材,这与纪录电影创作起点相同,不同的是纪录电影需要受到叙事逻辑的灵活控制,而新闻传播叙事则受到新闻时效性及播报时长的约束。因此,两者的受众观感不同,所达到的社会影响力范围、程度也有所不同。

三、新闻传播叙事对纪录电影的影响

(一)减轻空间依赖

新闻传播叙事有其基本功能,通过引导受访者进行事件回溯,以语言、画面等形式为观众挖掘出社会事件内涵。因此,在叙事系统中,新闻传播叙事要着重关注由语言搭建出的系统空间,并充分提升该空间的内容质量,才能提高叙事系统的逻辑性表达能力,以获得更加有效的受众回馈。以新闻传播叙事作为基础,将会给融合发展下的纪录电影带来更少的叙事空间依赖,因为纪录电影先期需要将电影叙事结构进行整理重塑,而新闻传播叙事的事实陈述结构将会赋予纪录电影更紧凑的叙事结构体系,由此便可减轻纪录电影对叙事系统空间的依赖。[1]不过,从新闻写作的相关模式来看,一味借助新闻传播叙事结构空间,将会使纪录电影产生结构上的单一性。因此,为提升传播效果,需要将两者叙事结构空间的搭建方式进行融合使用,由此取得较高的应用成效。

(二)提升艺术质感

纪录电影将新闻传播叙事作为其创作基础,可进一步优化其叙事上的编码方式,而且可以将不同逻辑关系进行多元化的叙事结构整合,以此展示更为开放形式下的叙事体系空间。纪录电影通过真实的叙事结构来讲述社会现象,在真实性之余,加入艺术创作,将情节发展变得突出,而在融合了新闻传播叙事后,其艺术质感可被大幅提升,由此借由剪辑技术,为纪录电影中的时空设计出更多交叉关系,丰满人物形象、优化情节连接。纪录电影通过镜头语言,将叙事结构加以呈现,比如通过一个时间点拓展到一条故事线,再由一条故事线扩展到全局视野分析,这也正是纪录电影的魅力所在,新闻传播叙事方式可以帮助纪录电影的叙事情境大幅延伸,由此提升了电影的艺术质感,为电影构造赋予充足弹性。

(三)重构逻辑叙事

电影作为第七艺术,在创作期间有其虚拟创作手法,但这并不和其真实性基本原则相冲突,将二者合理结合,能帮助现实事件再度重现于大屏幕上。纪录电影并不能保证绝对的真实性,导演周浩曾说纪录片存在于悖论中。因此,不可对纪录电影持有绝对真实的崇拜思想,尤其在现阶段发展中,逻辑叙事可与新闻叙事加以融合发展,纪录电影需要打破原有创作桎梏,将其本质加以展现,才能更持久地活跃在电影艺术中。新闻传播叙事可为纪录电影创造出更为紧凑、灵活的叙事结构,比如采用访谈穿插、情景再现的方式,可以让受众在更易理解剧情之余,体会到电影艺术的魅力。重构后的纪录电影,能在真实性原则下,充分创设全新的艺术情境,以此达到艺术与真实二者完美结合的效果。

四、纪录电影的浸入式应用价值

(一)观影体验升级

新闻传播叙事需要将叙述以及表达作为其主要发展功能,因此,在人物关系中,应做到简洁明了;在事件脉络中,应保持清晰明确。通常新闻传播叙事采用第三人称视角,来将真实情节最大限度地还原给观众,所以该视角有着客观、聚焦等特征,为观众营造出一种在场感。随着纪录电影的发展,新闻传播叙事作为融合基础,可以将复杂且繁多的叙事视角加以整合,由此创造出观众在电影中的浸入式观感,促进观众更好地理解电影世界中的情感矛盾。将叙事结构加以重构,可持续优化观众的观影体验。比如《细细的蓝线》,便采用局部摄影方式,清楚交代事件的同时,给观众营造出较大想象空间,促进观众思考电影世界中的情感冲突根源。

(二)叙事视角多元

新闻传播叙事可在第三人称视角中,最大限度地呈现新闻事件的全貌,因此,借助该种方式,纪录电影能较为全面地展示穿插其中的故事,使观众产生浸入式体验。故事情节越多,可选择的叙事视角也越多,当多维度、多视角用来诠释同一事件时,则可进一步引导受众浸入电影世界,沿着摄像角度画面,深度探寻纪录电影中的故事情节。[2]为强调时间及情感冲突等因素,需要在浸入式设计中加入更多元的叙事视角,给受众提供更大的自由选择性以及绝对舒适的观赏角度。

五、纪录电影的跨媒介发展分析

(一)纪录电影模态

现阶段互联网时代可创造出更多拍摄、制作、观赏平台,因此,跨媒体发展是纪录电影的未来趋势,全新媒介平台可以为纪录电影收集充分的资源,将电影更好地共享出去。媒介共融现象不仅促进了媒体产业发生较大变革,还对叙事电影的结构产生一定影响,因此,在交互作用下,纪录电影可发展出较多全新模态。比如借助 VR 技术,纪录电影可营造出充分自由、自洽的舒适环境,进一步提升观众的观影浸入体验感。

(二)转变用户身份

随着作品的交互性进一步增强,纪录电影技术需要进行深度开发,借由跨媒介平台,可将用户身份进行转变,将看电影的观众变为融入电影世界中的一个现实存在的人。电影作品为完成用户身份的转变,需要不断提升作品的开放性,以此为创作目标,才能逐步增强用户的在场感、浸入感,借助实时互动方式,让叙事线索成为影片中的演员和观影时的用户能同步互动、共建的纪录片元素。将叙事素材进行充分整合,以语音、文字、图片及视频等形式,创造出交互形式下的纪录电影,可将叙事模式由闭合转为开放,逐步影响用户身份,体现出动态选择的观影体验。[3]

(三)融合虚拟现实

新闻传播叙事不仅可为跨媒体叙事描绘出现实世界,还可以将社会重新建构。因此,在纪录电影中,叙事行为也需要结合现实世界来进行合理建构。虚拟现实技术可帮助纪录电影实现更为逼真的空间建设目标,由丰满的叙事结构转化出具备较强弹性的叙事空间,可谓新纪录电影的跨媒体环境展示。在此空间中,用户能拥有更深度的沉浸感,所以也将促进用户发挥更为直接的主观意识,由此昭示未来纪录电影将会成为全新的叙事艺术,良好纪实并展示艺术魅力。

六、结论

综上所述,基于新闻散文化背景,新闻传播叙事开拓出了新时期的应用路径,在新闻事实的基础上可以深度挖掘出事件的全过程,由此展示多样化的新闻叙事报道内容,所以将其发展形态作为电影素材,能对纪录电影产生深度影响。新闻传播叙事能为纪录电影提供较为直接的现实生活事件,并可投射出社会文化,由此帮助受众更好地理解社会事件的内涵,可为纪录电影起到减轻空间依赖、提升艺术质感、重构逻辑叙事等积极作用。未来智能媒体进一步发展,纪录电影需要借助跨媒介平台打磨制作,由此发挥较高的艺术表现力,增强社会影响力。

注释

[1]刘倩.纪录电影在中国院线的生存现状与发展困境研究[J].新疆艺术(汉文),2020(4):78-87.

[2]谢涵亦.浅析中国纪录片行业及未来发展趋势[J].大众文艺,2020(11):151-152.

[3]段鹏,李芊芊.基于新闻传播叙事基础的纪录电影[J].当代电影,2019(9):140-143.

〔肖军,贺州学院文化与传媒学院专任教师〕

新媒体背景下纪录片的传播特性研究*
——以《舌尖上的中国》为例

◎ 肖　军
Xiao Jun

摘要：本文简单介绍《舌尖上的中国》纪录片，并以其为例，分析在当前的媒体形势下，纪录片反映出的传播特性。具体分别从动机、主题以及方式渠道三个维度展开探究，注重信息源，借力新媒体，稳定传播效果。

关键词：新媒体；纪录片；《舌尖上的中国》

一、引言

纪录片是将拍摄的真实情境，通过合理剪辑组合成连贯的艺术影片，其把体现并保留生活作为基础，不同的艺术加工也建立在真实的基础上，最终目的在于引发受众深度思考。其发展历程由最初的电影调整至电视，由默片发展到如今的画音同步。

二、《舌尖上的中国》

《舌尖上的中国》(后文简称《舌尖》)以我国美食为依托，表达国人

---

* 本文原载于《记者观察》2021年第2期第20～21页，收入本书时有改动。

对于美食及生活的热爱,一经推出,便受到广大观众的关注和喜爱。该纪录片因其选题更具亲和性,无关阶层、民族,得到了广大民众的认可,拥有了稳定的受众基础。其不是单纯的"吃货宝典",其由美食传递出的文化更具价值,怀着对美食的敬畏,使受众感受到食物带来的快乐与满足,反映出对生活的态度。该纪录片的成功之处,与其剪辑也有关系,采用碎片式的处理技术,把差异化的美食衔接在一起,向受众展示相同食材在不同地区的差异,以美食为纽带,讲述现实故事,从中体现优秀的价值观念乃至人生哲理。

三、基于新媒体纪录片传播特性的研究

(一)传播动机

此类系统化介绍性的纪录片,传播动机往往是以某事物作为依托去宣传某种形象。《舌尖》以我国数千年的饮食文化为基础,借助有关美食的故事,让受众体会到美食在生活理念上的体现,由此引导其思考更深层次的内容,将引领价值观的目的,融入一道道美食中,加深民众对于优秀文化的认可程度,以发掘美食这一小点,反映国家形象。[1]该纪录片的传播动机体现在价值理念以及文化方面,利用纪录片的传播方式,让世界更为全面地认识中国。《舌尖》总导演曾表示,该纪录片最引人注意的点便是可以使受众从美食的角度了解我们的国家,尤其是让他国受众了解当代中国。把美食当作国内外交流的媒介,使得全世界的观众均能通过屏幕感受到中华美食,由此逐渐体会我国文化的变迁,这正是该纪录片制作的传播目标。在该纪录片的专项研讨会上,与会专家对《舌尖》有着极高的评价,表示其以海内外人士认识中国为核心,展现当代国人的人文精神,其借助美食展现多年来我国的社会变化,在追寻美食发展足迹的过程中,发现中华民族文明的特色印记。该纪录片借助人民日常生活中离不开的食物,真实记录国内不同地区及民族的美食特点,从细微处将大国形象展现在世界人民面

前,在传播国家形象上取得了优异的成果。

(二)传播主题

曾有学者表示,《舌尖》改变了我国纪录片的传统传播范式,并将其归纳到民生文化的范畴中,即基于普通民众的生活日常,用现代技术保留珍贵且又常见的景象,记录民众的生活态度、生活模式等,在展现普通群众生活观念的基础上,表达中华民族的文化力量以及人民的精神期许。而此种反映民众生活的片子,可以获得广泛关注,应当借力于大众主流文化的兴起以及传媒文化领域的发展,从生活层面的审美角度出发,把传统意义上的审美融入生活,使民众身边有更多的艺术色彩。传统媒体传播行业讲究雅俗分明,造成艺术性的传播有所限制。而在新媒体背景下,大众消费局面已然成形,促使大众文化成为主流,普通民众完全能根据个人情况进行艺术与批量产品的消费,大众文化和精英文化的界限被弱化,而《舌尖》正是在此种背景下产生的。该纪录片的素材来源于生活,将人生用艺术处理的方式展现出来;同时,以普通民众的视角,讲述人生百态。[2]

我国央视频道纪录片开展的初期阶段,比较偏重重大主题,从国家主流角度记录。其虽然也可传播我国形象,并诠释我国新时代下的价值理念,但普通民众观看时会产生距离感,难以产生共鸣,反而未能抓住新媒体的传播机遇。《舌尖》在主题定义上,发掘出国家形象和民众生活的交叉点。从古至今,食物始终是社会聚焦的"宠儿",其价值不用多说。《舌尖》以此交叉点为主题,记录各地特色食物的选材、制作至端到餐桌上的全过程,将生活中不可或缺的美食作为观察民众生活的窗口,展现我国数千年的社会变迁,也体现和美食有关的情感寄托、价值理念等。该纪录片立足于大众,将民间故事及现实生活作为主线,既展现记录的平行视角,又强化片子的代入感及渲染性。利用书写美食的篇章,使观众体会片中人物饱含的情感,并逐渐引入个人的生活。从《舌尖》和其他同主题片子的对比中可以看出,《舌尖》是充满人文色彩及故事性的纪录片,其并不是单纯地讲述美食,而是借助不同国家、民族之间的美食联系,让世界了解中国。总的来看,《舌尖》通过具象化的主题,向大众阐述大主题。该纪录片的制作团队饱含敬意地向观众传达了敬重劳动者、重视亲情、敬畏自然等观念,而这种主题渗透,可以很好地抓住观众的心,让其在观看时萌生一丝温暖,并逐渐演化成情感体会和价值认同。《舌尖》的传播动机虽是展现国家形象,体现民族精神,但并未完全理论化、概念性地阐述价值观,而是联系实际,以真实生活为媒介,反映所要表达的观念,使得具有古代形而上学特点的美食,展现深层次的文化内涵。《舌尖》的记录对象较为大众,其中渲染的温情,更加容易拨动观众的心弦,消弭观众与节目的距离感,由此获得观众强烈的追捧。换言之,《舌尖》中展现的生活情境和浮躁的社会现象形成鲜明的对比,容易引发观众的思考。

(三)传播方式

传播方式决定传播渠道,而渠道决定受众面,继而影响传播成效。在新媒体背景下,大众接受信息的程度受到传播媒介的影响,共享性已经成为媒体的要素,若只借助常规媒体渠道,基本上无法达到预期的宣传效果。此外,各种媒体形式也有差异化的作用,所以,合理融合常规媒体和新媒体的宣传力量,应是保持获得广泛宣传及热度的决定性因素,影响受众对艺术作品的接受效果。而纪录片这种大众化极为明显的传播内容,需要结合新媒体背景,充分借助多种媒体形式,以常规媒体为总体导向,配备新的媒体形式,协同宣传,在不同的空间中形成讨论的热点,并借助民众的自发式宣传,构建稳定的传播网络,以获得较好的传播效果。《舌尖》的成功在传播渠道上也有所体现。[3]

其一,《舌尖》由央视推出,其受众广度不言而喻。在新媒体对于旧媒体的持续影响下,央视的权威性以及社会影响力依旧无可替代。从宣传效果的角度来看,数据源直接影响受众的认可度,由高信赖度的平台推出,可以为后续其他渠道的传播提供源头保障。其二,新媒体也具有助推价值。《舌尖》充分运用新媒体的传播机遇,利用网络媒体形式,扩大受众的范围,引发讨论热潮;利用公共社交平台,进行消息传播,大众通常会受到公众人物的影响,并通过转发进一步扩大传播范围,最终形成多个层级大众快速传播的局面,保障《舌尖》的社会口碑,甚至超出了预计的宣传效果。《舌尖》自推出开始,保证广播电视上的连载,同步推进网络传播,利用超话、豆瓣、论坛等,让该纪录片一直保持较高的社会热度,使得部分网络受众调整接收的方式,转为观看广播电视。

四、结语

新媒体的出现,让已经出现边缘化趋势的艺术表现形式获得新生。《舌尖》依托于大众化的主题设计,展现积极的生活态度,充分借助央视的权威性,保证信息源的优质,配以网络媒体,加快传播速度,扩大传播广度。

注释

[1]李泽萱,段炼孺.全媒体环境下微纪录片的传播特性探讨[J].西部广播电视,2020,5(10):108-109.

[2]李洁.纪录片《舌尖上的中国3》跨文化传播特性浅析[J].传播力研究,2018(15):11-12,21.

[3]史哲宇,王廷轩.互联网传播环境下中国纪录片生存环境研究[J].科技传播,2018,10(6):130-131.

〔肖军,贺州学院文化与传媒学院专任教师〕

浅谈纪录片创作的传承与创新*

——以贺州电视台系列纪录片《古村物语》的创作为例

◎ 隆群良

Long Qunliang

我们知道,纪录片的首要特征是"纪实"。笔者以为,纪录片的纪实性主要表现在两个方面:一是选题内容的纪实性,二是重现方法的纪实性。二者互为前提,相辅相成。本文以2016—2017年贺州电视台摄制和播出的《古村物语》系列纪录片(14集)为例,浅谈历史文化类纪录片的传承与创新。

电视纪录片是以影像为手段对曾经发生的真人真事作详尽再现的一种纪实性节目,也是一种给人信息交流和审美享受的电视作品。它直接从真实生活中采撷素材,拍摄真实环境里真实时间中发生的真人、真事,以生活的自身形态来表现生活。纪实是电视的本质属性。作为一种视听一体化的大众传播媒介,电视借助高科技手段,将其他各种媒介的传播优势加以有机融合。与报纸、广播、电影等媒介相比,电视能够最大限度地以生活自身的形态来表现生活、传递信息。它包括生活中的形象、声音、氛围、表情、心态等。这种信息的全方位性与整体性为人们对于生活进行更加广泛、深入的观察与思考提供了可能

---

* 本文原载于《视听》2018年第10期第33~34页,收入本书时有改动。

性,充分体现了人类对纪实的愿望。因此,电视纪录片在众多的电视节目类型中显示了独特的魅力,成为电视创新的一个潮流。

一、《古村物语》对历史文化的传承

今天,电视纪录片越来越受到观众的追捧,主要是因为纪录片记述的是发生的真人真事,是现实生活中的客观存在,具有鲜明的时代特色。纪录片创作者在现实生活中选取题材,并对发生的人、事、物作真实描述,因而真实性是纪录片的生命、纪录片的本质,也是纪录片的美学基础。纪录片对真实性有着很高的要求,它不仅要求内容本质的真实,而且要求现象的真实;不仅要求事实本身的真实,而且要求艺术的真实。不管是过去还是现在,真实性问题永远与纪录片联系在一起,二者互相缠绕,无法分离。从某种意义上说,记录的历史就是关于真实性观念的理解史。

电视纪录片以现实生活的原始内容为基本素材,以真实记录人类社会生活为根本宗旨,真实性和客观性、体验性和思考性是它吸引观众的主要原因。

2015年1月,国家住房城乡建设部、文化部、财政部公布了第三批中国传统村落名录名单,贺州市昭平县樟木林乡新华村榜上有名。按照评选条件,中国传统村落是指民国以前建村,建筑环境、建筑风貌、村落选址未有大的变动,具有独特民俗民风的村落。加上之前的第一批和第二批入选的村落,贺州市共有14个村落入选中国传统村落名录名单。

中国传统村落名录既是对入选村落历史文化价值的认定,也是一份保护名单,入选村落在保护、开发、财政等方面得到相应支持。从2016年起,贺州电视台一改只做新闻和专题类节目的历史,成立了纪实系列纪录片《古村物语》领导小组,由经验比较丰富的副总编辑带队并抽调精干力量进行拍摄制作,获得初步成功。贺州电视台不仅配合广西电视台完成了《潇贺古道》每集近50分钟共5集的拍摄和播出任务,还自己拍摄制作、播出了《古村物语》系列纪录片14集,极大地提高了收视率,也获得了大家的一致好评。《古村物语》系列纪录片在2016年度广西广播电视优秀稿件评选中获得(社教类)三等奖,也由此改写了贺州电视台不拍不播纪录片及没有参评作品获奖的历史。

二、《古村物语》重现手法的纪实性

电视纪实纪录片不管是历史题材还是现实题材,纪录片创作者都要通过影像进行叙事,向观众讲述故事,表达创作者的生活思考与历史情怀。由于题材特殊,笔者以为,历史纪录片的创作应该从平实拍摄、史料挖掘、叙事角度、故事结构以及制作方式等方面进行创新和突破。这也正是《古村物语》节目组创作这部纪录片时的出发点和努力方向。

(一)平实的实景拍摄纪实

《古村物语》,顾名思义,即古典村落的故事和传说。要做好系列纪录片《古村物语》的拍摄工作,平实的实景拍摄是关键。所谓平实的实景拍摄,就是对古典村落从不同角度进行平实的、自然的、质朴的拍摄,从而使主题显得更生动、更真实,把观众拉进特定的真实意境里。纪录片《古村物语》不但对古典村落从不同角度进行了大量的实景拍摄,还进行了一些航拍、水下拍摄等,收到了很好的效果。

(二)文献资料重现的纪实

一般而言,历史题材纪实纪录片的影像叙述有多种表达方式,如史料运用、人物采访、专家访谈、真实再现、实景拍摄等。《古村物语》的影像表达在传承与创新上作出了自己的努力。

1.影像资料

真实、珍贵的影像资料是历史题材纪实纪录片的独特魅力之一,其在历史题材纪实纪录片创作中具有无可替代的作用。我们通过对家族保存的照片、画像以及族谱等资料进行组合,发挥了其应有的作用。如在《上莫寨:敦孝笃宗 崇文敬天》中,主要是通过族谱来进行论证的。在莫氏家族的族谱中,不论是住宅、祖田还是祖坟全部图文并茂,保存完好,更令人惊叹的是,莫氏家族印刷族谱的模板都保存完好,给我们拍摄纪录片提供了有力的佐证。

2.文献资料

文献资料包括报纸刊物以及县志等,在历史题材纪实纪录片中,这些文献资料起到重要的证据作用。但在整个《古村物语》系列纪录片中,由于有关古典村落的文字材料相当有限,只能通过对一些在古典村落发迹却又外迁的家族进行调查了解,先后远赴南宁、桂林、玉林、梧州及广东肇庆、封开等地进行搜集,从外迁的家族中尽可能地找到一些鲜为人知的故事和生动的细节,为丰富《古村物语》系列纪实纪录片作出了最大的努力。

(三)运用人物口述再现的纪实

对于运用人物口述再现历史的纪实纪录片而言,主要是通过一些家族长者及一些对历史颇有研究的专家来解读,他们的叙述更容易把观众拉进特定的历史环境里。

1.家族长者讲述

家族长者讲述主要是讲述整个家族的人物历史或历史事件,由于其是整个家族的长者,他们所讲述的是自己熟知的家族人物和事件,尤其是一些历史资料中没有的细节,因此使历史更加生动而立体。在《古村物语》系列纪实纪录片中,家族长者娓娓道来,生动的讲述,精彩的细节,很快就把观众拉进特定的历史环境里。同时,《古村物语》做到了口述历史和影像资料交相辉映、相辅相成,尽可能增强情绪的感染性。

2.专家讲解

对于历史题材纪实纪录片而言,专家是节目的智囊团,他们为节目提供学术支撑,其专业分析给节目带来不一样的叙述视角。因此,历史题材纪实纪录片的成功离不开专家学者的支持。在《古村物语》系列纪录片中,通过对古典村落颇有研究的市博物馆馆长、县文物所所长以及贺州学院民族文化博物馆馆长、南岭民族走廊族群文化研究院院长等专家学者的采访,为纪录片创作提供了强有力的学术支撑。

三、《古村物语》制作方式的创新性

《古村物语》系列纪录片以挖掘新的史料、发现故事亮点、探寻叙事风格和强调理解后的重现等方式来强化制作上的创新,通过对一个个历史碎片的巧妙拼接,为观众还原一段真实的历史,收到了意想不到的效果。

(一)挖掘新的史料

历史题材纪实纪录片要挖掘出令人耳目一新的史料。今天的新闻是明天的历史,反过来说,今天的历史就是昨天的新闻。历史题材纪实纪录片也像新闻报道一样,只有挖掘出别人不知道的史料,如鲜为人知的故事和生动的细节,才能够推陈出新,吸引观众。如果仅停留在已知、熟知阶段,那无异于向观众重复讲述历史教科书。《古村物语》节目组在资料方面进行了深入细致的挖掘和收集,尤其是对一些鲜为人知的故事和生动的细节反复地进行筛选和修正。同时节目组还聘请了贺州市博物馆馆长胡庆生和贺州学院教授熊高担任学术顾问,梳理了近年来对古典村落的保护与文化研究成果,而且很多资料属于第一次公开。

(二)发现故事亮点

历史题材纪实纪录片不是堆砌史料的资料片,它要像其他纪录片一样善于讲述故事。挖掘、占有史料和资料只是拍摄历史题材纪实纪录片的第一步,把所有素材串联起来,向观众再现历史事件或者人物故事,才是制作历史纪录片的最终目的。在讲述故事方面,《古村物语》注重挖掘故事细节和人物命运,让史料鲜活起来,让人感受历史的温度。如在《昭平县樟木林新华村:艰苦创业承孝道,勤耕知书启后贤》中,讲述的是新华村一带崇文重教的风气盛极一时。为了确保族内子弟不因家贫而辍学,新华村叶姓宗族建立了"蒸尝助学"制度,即每年从宗祠所得的田租中,拨出大部分经费资助族内学子读书,使得所有学童均有机会进学馆习读。新中国成立后,"蒸尝助学"制度虽然被废止,但各类助学形式依然存在。如今,在昭平县城的叶侨奖学基金会,仍为家庭困难的学子提供力所能及的帮助。恢复高考制度以来,新华村走出的大学生就有 300 多人,占了本村人口的近十分之一,成为远近闻名的"才子村"。

(三)探寻叙事风格

历史题材纪实纪录片注重寻找新的叙事突破口,从新的叙述角度提出新的观点。《古村物语》节目组在深入了解每个古典村落的历史背景和翔实的资料后,主动设置一些主要议题,以主持人出镜讲故事的形式来介绍和讲述当时的历史背景和发生的真实故事。每个古典村落的形成,必然与一个家族的辉煌有关,一个家族的辉煌又必然与某个辉煌人物有关。这里面的故事虽然精彩,但也不能面面俱到,只能从中选择一些既精彩又有生动故事情节的事例进行讲述。比如在《仁冲村:勤俭传家久,忠义继世长》中,讲述的是从江俊独身到贺县打拼,到江海清衣锦还乡的故事。江氏客家围屋始建于清朝光绪年间,历时 8 年建造而成。共建有 9 个厅堂,18 个天井,132 间厢房,素有"九厅十八井"之称,可住 300 多人。屋外立有高约 3 米的围墙与外界相隔。整栋建筑以"下厅、中厅、上厅、祠堂"为中轴线,依次向左右延伸,呈中轴对称布局。进入屋内,可见厅与廊通、廊与房接,巷道迂回转折,楼阁错落有致,宛若一座富丽堂皇的宫殿,又如一座千回百转的迷宫。从百年前的中法战争,到70多年前的抗日战争,江氏客家围屋都发挥了积极的作用。江家人小则对友重义,大则为国尽忠,在仁冲百年风云中留下了厚重的一笔。精彩生动的讲述,既能够起到承上启下的作用,又能够吸引观众,达到宣传的目的。

(四)强调理解后的重现

情景再现还原历史与渲染烘托可视性素材的缺乏是历史题材纪实纪录片创作中的一个难题。情景再现是编导根据文字史料记录,通过扮演重新展示某一人物、某一事件曾经发生过的可感知视觉画面,让过去的时空得到立体还原,通过这一表现手段弥补影像信息传达的缺失,增强纪实纪录片的观赏性。在《古村物语》纪录片中,基本上每一小集都设置了情景再现场景,再现时常常有意拍摄虚焦的画面或者拍摄人物的背影,便于观众了解过去发生的事件,同时留给观众一定的理解和联想的空间。

四、结语

在历史题材纪实纪录片的创作中,除以上几种影像表达手段之外,实地拍摄也是影像叙述常用的手法之一。通过对历史遗址、历史事件场所的拍摄,还原历史事件发生、历史人物活动的场景,为观众理解历史提供联想基础以及拓展想象空间,从而无限接近历史真实。随着科技的日益发展和纪实纪录片制作成本投入的增加,三维动画特技在历史考古、历史文化纪录片里发挥了越来越重要的影像表达作用。

参考文献

[1]刘宝顺.中央电视台优秀论文集:首届专业论文评选获奖作品[M].北京:北京广播学院出版社,2000.

[2]陈国钦.纪录片解析[M].上海:复旦大学出版社,2007.

〔隆群良,贺州学院卓越新闻传播人才培养计划兼职教师、主任编辑〕

新媒体背景下纪录片的创作与创新*

◎ 隆群良

Long Qunliang

新媒体,被誉为继四大传统媒体之后的第五大传播媒体,是指通过宽带、有线、卫星网络等现代信息手段来传播文字、声音与图像,向用户提供信息和服务的传播形态。新媒体带来了全新的传播环境。纪录片作为时代的伴生物、现实的记录者,也应把握时代脉搏,做到"因时而动,常新常变"。本文结合笔者多年从业经验,首先梳理了新媒体环境对纪录片传播与发展的现实影响,其次联系实际,探讨新媒体背景下纪录片的创作与创新方式。

一、新媒体环境对纪录片创作发行的影响

(一)生产方式

相较于传统媒体渠道,新媒体提高了受众在信息传播中的地位,一改僵化的"单向传播"过程,更使得"传播方"与"接收方"界限模糊,增强了创作方与观众的互动。举例而言,创作者完全可以将纪录片选

---

* 本文原载于《视听》2018年第3期第49~50页,收入本书时有改动。

题上传至互联网,由网友自发讨论、创作以及共同鉴赏,借助群众的宝贵经验完成作品创作。

同时,新媒体技术发展促使"全民记录"成为可能。无须采购价格昂贵的专业摄影器材,群众借助常见的DV、手机以及电子监控等电子产品便可完成录制工作。而部分转瞬即逝的精彩瞬间,借助群众的摄影设备也可有效留存,并作为纪录片的重要素材,例如,交通事故及重大突发事件等社会题材类纪录片的"第一现场新闻画面"便是借助人民群众之手呈现。

(二)创作理念

受到新媒体环境多元化的影响,纪录片改变了过去宣传教育的姿态,而着重把握对社会生活以及历史环境的思考,更为关注"人"的因素,即"以人为本"。2012年上映的纪录片《舌尖》好评如潮,全网点播量超8亿,其导演陈晓卿在采访中坦言,原定片名为《柴米油盐酱醋茶》,但自觉菜系划分过于简单粗暴,说教意味过重,便重新拟名,最终将创作重心转移至探讨人与美食的关系。

此外,为争夺受众关注,提高作品的收视率并获取相应的经济效益,纪录片的创作手法愈发重视美学元素。例如,将戏剧冲突、悬疑叙事引入纪录片创作,或是利用新型拍摄技术凸显画面质感,给观众带来极为震撼的视觉体验。例如,《舌尖》便采用SONY-F3高清摄像机,运用大量的前景深镜头、微距镜头等拍摄技法,让人们在欣赏美食的同时尽情享受画面的优美。

(三)受众心理

新媒体技术带来信息量的暴增,受众的生活节奏明显加快。同时,移动互联网的普及也相应地拨高了手机在人们日常生活中的地位,人们更倾向于利用手机在零散时间消遣。因此,制作精良、短小精悍的视频更能够吸引受众,纪录片也应积极探索新型节目形式,充分利用受众的"碎片化"时间。

新媒体的普及也促进了受众年轻化的发展趋势,年轻一代逐步掌握了网络世界的话语权。而当代年轻人有思想、有主见,更青睐于个性化、多元化的影片题材,对传统的、说教意味浓厚的主旋律纪录片则缺乏兴趣。

(四)传播渠道

新媒体技术的发展毫无疑问地拓宽了纪录片的传播渠道,并提供了更为宽广的传播环境。制作发行的纪录片不仅可以在电视台、影院等场所上映,更可在互联网、数字电视及手机等新媒体平台传播。而据中国互联网信息中心CNNIC发布的第37次《中国互联网络发展状况统计报告》,我国网民总数已达到6.88亿人,纪录片借助互联网可覆盖绝大多数潜在观众。

新媒体技术,尤其是网络通信技术,有效打破了信息传播的地域限制,推动了纪录片创作发行的"全球化"日程。中国出产的纪录片立足全球视野,正为越来越多的国外民众所接受。例如,贾樟柯导演的《海上传奇》便于2010年荣获蒙特利尔国际纪录片电影节大奖、夏威夷国际电影节最佳纪录片奖。

二、新媒体背景下纪录片的创作与创新方式

(一)挖掘多元创作题材

如前文所言,手持DV、智能手机等设备现已在我国群众中得到普及,视频的制作发行再也不是少数人的专利。基层民众拥有独特的视角、复杂的背景以及真挚的情感,他们在日常生活中随意拍摄的内容,往往是优秀纪录片所必需的珍贵素材。

此外,纪录片创作人员须"多听、多看、多想",从多种渠道获取真实视频材料,并充分挖掘其潜在内容,将其充实于自己的作品之中。纪录片创作人员在对创作素材进行挖掘时,须着重把握其内在故事性及真实性,这样才能引发观众的情感共鸣。刘远祥的《西单女孩》、网

络纪录片《老人与狗》便是此类创作的典型。

(二)强化影片美学特征

强化影片的美学特征,是指利用综合手段,提升影片的故事性及艺术性。笔者认为,纪录片美学特征的把控,可借鉴《沙与海》《故宫》等优秀影片的先进经验,从叙事艺术以及摄录艺术入手。

叙事艺术包括叙事结构、方式以及对空间的把控,仅叙事结构便有阶梯递进式、中心串联式和板块式等。纪录片创作者需要结合影片特点,选择最适宜的叙事方法,吸引受众眼球,增强影片感染力及艺术性。而摄录艺术中镜头的运用应把握特写、空镜、长焦镜头、主观镜头、象征性镜头等技巧的独特含义,塑造契合影片主旨的精美画面,更可辅以必要的音乐,烘托气氛、渲染情绪,增强纪录片的艺术表现力。

(三)注重观众实际体验

注重观众实际体验,需要有意识地结合现代观众群体特点,有针对性地开展纪录片创作活动。上文分析中提到,现代年轻人追求个性、多元与独特的事物,其观影活动又表现出典型的"碎片化"特点。为此,纪录片创作选材须考虑观众兴趣,并把握好张弛有度的叙述节奏。

美食、宠物、网络、文化等题材始终是观众的"心头好",而政论、时事、传记等话题也可能因舆论导向而激起人们的关注。因此,若想收获观众认可,便可选取热点题材进行纪录片创作。同时,为适应当前快节奏的生活状态,纪录片叙述节奏有必要随之加快。但也要张弛有度,给观众留有喘息的余地,尽可能利用其零散时间。例如,贺州电视台从2016年开始筹划《古村物语》系列纪录片的拍摄,2017年开始播出,14集都是以古村落或古村落里有影响的人物为题材,时长控制在13分钟左右,收到了意想不到的效果。

(四)创新影片拍摄技术

创新影片拍摄技术不仅可显著提升影片的品质,更能够获取新媒体背景下的宣传优势,吸引更多潜在观众。以2016年11月上映的《比利·林恩的中场战事》为例,其采取了120帧每秒的超高帧率进行4K下的3D电影拍摄,代表了电影技术发展的最新动向。可以说,每一次电影拍摄技术的更新换代,都将给观众带来截然不同的视觉体验。

作为专业的纪录片创作者,笔者认为,在新媒体背景下,纪录片的拍摄更应积极探寻新型拍摄技术,增强影片的表现张力。纪录片创作除应用水下摄影、延时摄影、高速摄影等较为常规的摄影技术外,更应探索利用先进的CG(影视动画技术)、动作捕捉技术等,更好地顺应新媒体发展潮流。

三、结语

纪录片作为重要的电影或电视艺术形式,不仅真实记录、还原了重要的历史事件,更实现了寓教于乐,担负着为人民群众普及知识、丰富其见闻的历史任务。本文探讨了新媒体背景下纪录片的创作与创新方式,以期辅助纪录片创作者顺应潮流,创作出更多人民群众喜闻乐见的优秀作品。

参考文献

[1] 马玉博.浅析中国纪录片的新媒体发展之路[J].科技视界,2014(21):132-132.

[2] 姬丽红.纪录片在新媒体背景下的创作[J].新媒体研究,2016,2(4):58-59.

[3] 赵佩茹.纪录片在新媒体时代的生存与发展[J].西部广播电视,2016(21):138-139.

[4] 朱磊.纪录片在新媒体环境下的"SWOT"分析[D].广州:华南理工大学,2013.

〔隆群良,贺州学院卓越新闻传播人才培养计划兼职教师、主任编辑〕

虚拟现实技术对旅游风光纪录片的可能影响*

◎ 聂有兵

Nie Youbing

一、虚拟现实

虚拟现实技术发明于 20 世纪 70 年代，与互联网几乎同时出现。但直到今天，虚拟现实才刚出现产业化的苗头。虚拟现实是通过计算机构建一个信息环境，人在其中可感受到如现实一样的各种感觉，并能与环境中的物体进行互动。这个虚拟环境可以以现实中的某些场景为模仿对象，也可以是凭空想象的场景。Michael R. Heim 在其 1993 年的著作 *The Metaphysics of Virtual Reality* 中，提出虚拟现实的 7 个特征：模拟、互动、人工、沉浸、遥在、全身沉浸和网络沟通。模拟，是指虚拟现实环境模拟的是某个环境　可以是现实世界，也可以是非现实世界，这个世界具有一定规律；互动，是指在这个环境内，人可以和环境、和他人、和人工智能等进行沟通、交流或交换信息；人工，是指这一环境是由人创造的；沉浸，是指人进入虚拟世界的一种状态，即真实世界的一切感受暂时消失或被忽视，而被人造世界包围、

---

* 本文原载于《西部广播电视》2016 年第 18 期第 90 页，收入本书时有改动。

笼罩、吸引乃至震撼；遥在是一个新造词，指人存在于一个遥远的场所、他处，这种存在，对于虚拟世界中的其他个体而言是真实的、有意义的；全身沉浸是指人不需要佩戴额外的电子设备就可直接与虚拟世界进行交互。虚拟现实技术目前在消费领域已进入爆发前夜，对影视业产生了不可估量的革命性冲击。

从成本和商业价值来看，在影视行业，旅游风光纪录片是最有可能与虚拟现实技术发生关联的领域。

二、旅游风光纪录片

旅游风光纪录片是指一种纪录性质的影视节目，其内容是在非旅行社组织之下，从自助旅行的视角去介绍旅游景点、旅行目的地，是一种为普通大众提供观察不同国家及其文化的虚拟旅游或旅行的影视创意节目。它是以"地点"为主要描述对象、非虚构的影片，采用开放叙述方式，叙述手段包括讲座式的旁白或影片、照片等。19世纪晚期出现的游记电影是早期的旅游风光纪录片形式，是一种探索性的民族志影片。例如1962年意大利导演Paolo Cavara的影片《狗的生活》即以游记的方式对世界各地对待狗的文化进行了一番简单浏览。影视史上出现过不少受欢迎的旅游风光纪录片，但在研究者看来，由于它们没有立足于人类学角度而降低了其文化敏感性，例如在拍摄中采用了舞台布景等违反真实性原则的手段。

在今天，随着闲暇时间增多，人们追求生活质量，精神需求大增，旅游风光纪录片作为电视节目中常见的一种类型而受到广泛欢迎。影视媒介的易读性相对印刷媒介更为轻松自然，贴近人观察自然的方式，故而收视率较为稳定，也催生了集中播放旅游风光纪录片的频道。国际上著名的有国家地理频道、Discovery，国内有旅游卫视等，广义上它们都属于旅游风光纪录片频道。

旅游风光纪录片的形态一直在与其他类型的节目如真人秀等进

行结合,纯粹展示地理风光的节目已经越来越少,而将不同的人文与地理相结合,探索人与社会的相依相生、竞合关系的节目更为常见。如发现频道的 *Detox* 将旅行与异域养生结合;*Secret Eskimo Escape* 将几个爱斯基摩人与城市的交融及矛盾作为叙事中心,突显了故乡与他乡的两点一线的意义;BBC的《迈克·柏林新欧洲游记》则在欧盟统一的背景下以英国视角对欧洲各国进行"点评式"漫游,毫不掩饰其浓厚的政治倾向;国家地理频道的《遇见原始人》邀请几名原生态部落原始人游览美国的几个大城市,以一种"逆向人类学"式的探索呈现现代人与原始人的不同生活方式,反思现代化;等等。

综合而言,当前出现在媒介视野中的旅游风光纪录片具有一定人类学的意义,但不同于学术研究中的人类学纪录片,旅游风光纪录片的审美价值背后是对收视率的追求,它们并非公益性的普通纪录片。同时由于旅游风光纪录片的精美制作带来的成本问题,使得其更倾向于市场运作,面向普通收视大众而非学者。

三、虚拟现实技术对旅游风光纪录片的影响

(一)遥在和沉浸:旅游风光纪录片的临场感大幅度提高

旅游的本质是以主观视角对风光景点的接近观赏,采用虚拟现实技术的旅游风光纪录片可为电视观众带来前所未有的代入感,观众可以"漫步"在景点之中,景物在观众的眼里是立体的,与现实的景物相同。观众随着镜头的移动和转换,可以感受到与拍摄者几乎一模一样的风光体验。传统电视屏幕面积小、缺乏立体感、电视屏幕外部干扰大,体验程度有限;即使3D电视也只是多了立体感,远远无法达到使观众产生完全进入另一个空间的感觉的效果。相对于电视屏幕这个二维空间,虚拟现实以其"沉浸"的特征使得观众完全进入另一个360°的空间。

旅游风光纪录片的本质是构造虚拟旅游体验,通过拍摄好的旅游

风光纪录片,结合全息技术、3D 技术和网络技术等,使观众跟随导演的镜头,以全真方式对旅游景点进行游览。传统的旅游风光纪录片对景点只能是择其重点,很多细节受限于屏幕空间的平面特征无法表现,模拟程度有限,在一定程度上影响了受众的体验。而虚拟现实则将风光对象以立体化和等比例大小的方式呈现,这比传统的纪录片手法更能体现对景点的高度模拟。高清电视技术的发展已经可以使图像超越人肉眼的可分辨率,结合虚拟现实的现场感,旅游风光纪录片对景点的模拟程度可以有突破性的提高。因此,利用虚拟现实技术,旅游风光纪录片的临场感和真实性大幅度提高,这种提高是基于人类感官的质的变革。

(二)互动和超验:旅游风光纪录片的趣味性提升

在虚拟现实中,旅游风光纪录片加入互动特性可以提升观众对景点体验的趣味性,也可以提升虚拟旅游者的自由度。虚拟现实比普通的互动电视更具有真实感和现场感,所以其互动特性也可以大大增强虚拟旅游的实用性和趣味性。例如可以随机跳出导游的路线安排,自行选择不同的线路进行探索;与虚拟现实环境中的动植物进行互动;和景点风物进行合影;虚拟动手制作工艺品、美食;等等。这非常有利于加深观众对景点的了解。虚拟现实的旅游风光纪录片的互动特性可以对虚拟现实世界进行干预,而不仅是像传统的互动电视节目那样决定剧情发展。因此,受众在虚拟环境中观看旅游风光纪录片不仅仅是被动地接收旅游景点介绍,而是可以在一定程度上对景点进行深度体验,可大大丰富传统电视旅游风光纪录片的内涵。

超验性,是指虚拟现实可构建现实中不可能存在的场景,或现实中难以体验的场景或活动,使受众得以通过虚拟的方式进行体验。例如在正在喷发的火山口下进行参观、在海底最深处潜泳等,可以提升旅游体验的丰富度。

(三)网络沟通:旅游风光纪录片的社交性增加

网络对影视的一个增强点是社交特征加入观影过程。如最近网络上兴起的观影辅助手段"弹幕",是指在互联网站上观看影视节目时,可以在节目画面上看到正在观看此影视节目的其他观众即时发布的评论短句,短句不断从影视画面上划过,构成一种与众多人同时观影的体验,互动性和趣味性大大增强。弹幕起源于日本,由于其符合部分网民的心理体验,在我国的各大视频网站也逐渐流行。虚拟现实通过网络的互联,能在更高的体验层次实现多人同时观影、点评互动。例如与其他网民一起漫步于某一旅游景点,体验同一种风光、旅游项目,并与对方实时交流。这对于找"驴友"的人而言,也是一种便利和乐趣。寻找伴侣是一种人的天性,这种伴侣行为未必是出于感情目的,也有安全感和排除孤独感的成分。鉴于社交性在网络世界的普及,旅游风光纪录片增加社交特征后,必然能扩大用户群体。

四、虚拟现实技术介入旅游风光纪录片的优势和缺陷

(一)优势:低成本、超验、安全

虚拟现实技术为旅游者带来的第一个优势就是低成本。对于游客而言,省去了交通、住宿、饮食等一系列高昂的成本,但能体验到几近真实的旅行风光,这种真实相对于以往的平面影视屏幕而言是一种本质的改变,是一种沉浸式的、全身环绕的,可以和景物进行互动,可以通过网络与其他"游客"同行、分享的"旅行"。而且,由于虚拟现实的超验特征,甚至可以完成一些真实游客也无法实现的线路,体验到与众不同的风光,如为"游客"提供例如太空行走、爆发中的火山口观光、深海潜泳等体验,这是传统的旅游方式所不能提供的。

此外,虚拟旅游排除了安全隐患。旅行是一项带有一定危险性的活动,在反复搭乘的交通工具上、在景点中,都有可能出现危险。游客在交通事故中不幸遇难,在景点游玩时不慎溺水、坠亡、被落石砸中等新闻时有见诸报端。包括旅游中的一些不良体验,例如强制购物、食物低劣、住宿卫生条件差等等。利用虚拟旅游风光纪录片,以上问题便能迎刃而解。总体而言,虚拟现实技术带动旅游风光纪录片发展,可突破传统旅游的一些局限,如接待能力不足、体验有限等,是一种全新的旅游体验方式。

(二)缺陷:非完全仿真、有限自由、个体不适

尽管虚拟现实技术可以为旅游风光纪录片带来观影体验质的飞跃,但相对于真实旅游而言,虚拟现实旅游风光纪录片仍然有一些无法克服的缺点。

1.虚拟旅游风光纪录片无法实现对景点的100%仿真

虚拟旅游风光纪录片的内容制作要采用高清摄像机,模仿游客行程、遵循人类视觉习惯来拍摄,并将这些内容复现在虚拟空间中。这些内容的真实程度直接影响到景点的体验。在高清摄像已经普及的今天,视觉上的还原已经不是问题,但对于非视觉的旅行体验,还无法100%实现。例如登山后感受到的微风拂面;公园内的花香扑鼻;触摸动植物、文化名器、建筑等的手感等触觉、嗅觉、味觉、听觉等,技术上尚有难度,且成本也将大大提高。真实景点中的各种感受极多,加之不同的时间、季节又千差万别,要全面实现真实旅游中所有的感受是不可能的,只能有限地仿真一部分作为虚拟旅游风光纪录片的主体。因此虚拟旅游风光纪录片只能作为真实旅游的补充,而非替代品。

2.虚拟旅游自由度有限

出于成本的考虑,为虚拟现实体验拍摄的旅游风光纪录片不可能面面俱到地涉及景点的每一个角落,那将需要极为庞大的影像数据。虚拟旅游风光纪录片只能根据大部分游客的视角,围绕景点的主要路线进行模拟拍摄,然后将其转换为虚拟现实中可以观看的影像。因

此,虚拟旅游风光纪录片的自由度有限,受众只能根据事先安排好的路线,进行有限的选择。另外,在体验中还存在一个问题:镜头本身是固定的,无法跟随虚拟游客视角自由移动。要弥补以上两个自由度的缺陷,需要拍摄更大量的场景和镜头,模拟更多的视角和线路,这意味着制作成本的提高。

3.个体不适应

就当前的技术阶段而言,人类还不能摆脱"可穿戴设备"来进入虚拟现实,此类设备需要佩戴在人的头眼部,以营造一个相对封闭的观影空间。相对于传统电视的无负担观影而言,增加的设备必然带来额外的不适感。根据一些用户反映,在虚拟现实中的时间越长,出现头晕、恶心等不适的可能性也越大。

五、虚拟现实风光纪录片对电视行业的影响

虚拟现实技术在电视领域的应用,很可能先出现在旅游风光纪录片领域。因为旅游风光纪录片与旅游行业紧密结合,商业上可以结合盈利;而纪录片相对于其他类别电视节目而言拍摄成本低,推广效果可见,其"爆点"在于提供沉浸式的远程旅游体验。对于体验式影视,其实早已有类似节目的案例,2011年挪威NRK电视台用11台摄像机固定在一艘邮轮的不同位置,以直播记录手法,24小时滚动模拟游客的邮轮旅途,真实展现行程,内容包括邮轮琐事、沿途风光、周围海景、乘客等等,节目首播即获得26%的人口收看。本质上此类电视节目可以看作一种"虚拟体验"。

虚拟现实技术可以加强这种"虚拟生活方式体验"。理论上推测,虚拟现实技术下拍摄的旅游风光纪录片,根据其性质,可对电视行业产生以下几方面的重大影响。

(一)电视内容行业利用虚拟现实风光纪录片侵蚀部分旅游业市场

由于虚拟现实旅游风光纪录片是旅游本身的一种替代品(虽然这种替代仍存在局限性),因此虚拟现实下的旅游风光纪录片市场扩大,首先是侵蚀了传统旅游业市场的结果。旅游体验原本具有不可复制性,又具有精神产品属性,即在对目的地风光、人文进行观赏的过程中获得放松、愉悦等感受;高清摄像加上虚拟现实技术打破了旅游景点体验的不可复制,又通过模拟体验实现了对旅游的消费,考虑到时间、成本、安全等多种原因,部分有潜在意愿的旅游者可能以购买虚拟现实纪录片来代替旅游。

另外,对于已经去过某个旅游景点的游客,可能采用购买纪录片的方式来实现记忆的保存,而不是再次重游。

(二)带来电视产业新的盈利增长点

由于虚拟现实旅游风光纪录片的内容与游览景点基本相同,而且可以反复、长期利用,这可能带来电视产业新的利润增长点,即旅游景点出于宣传需要,邀请电视内容制作公司,为其制作专门用于宣传的虚拟旅游体验纪录片来取代传统广告片。鉴于成本问题,这种体验宣传片不可能制作得很长,只是将景点的部分体验纳入,但其传播效果与普通的电视广告片相比无疑会高出一个层次。

此外,电视内容产业可以与旅游景点进行合作来获得新的利润来源,即通过拍摄制作囊括较完整景点特征的虚拟体验纪录片,进入影视发行渠道,通过内容销售来获利,与旅游景点共享版权收益。

(三)旅游风光纪录片拍摄技术和手法变革

为了实现虚拟现实的沉浸感,必须使用主观第一人称镜头对旅游风光纪录片进行拍摄。传统的旅游风光纪录片,以第三方叙事为主进行拍摄较为常见,即从人类学的角度对自然风光、人文风俗进行观赏点评。此外,就是以导游为中心,导游视角和第三者视角交替进行。类似拍摄手法必将改变以适应虚拟体验特征。

参考文献

[1] HEIM M R. The metaphysics of virtual reality[M]. Oxford County: OUP, 1993.

[2] 挪威热播邮轮慢节奏节目:16万人在7小时直播中从头看到尾[N]. 青岛日报, 2011-06-20(10).

〔聂有兵,贺州学院文化与传媒学院专任教师〕